「底力」シリーズ ⑬

基本英文法の底力

そこぢから

勝見 務／著

PLACE
プレイス

　本書は2007年に刊行した『基本英文法スーパーテク222』に細かな修正を加え、改題したものです。

＊

　従来の文法書は文法の知識を羅列して読者に提供するという、いわゆる「受信型」が大半でした。英文法は主として高校で学びますが、近年文法の時間が削られる傾向があり、系統立てて文法を学ぶ機会が失われつつあるために、その「受信型」さえも頼りにならなくなっています。ましてや、類語の使い分けやニュアンスの違いなどにふれる余裕などはまったくなかったといっても過言ではありません。

　本書はそうした「受信型」を脱却して、読者が英語を話したり書いたりする場合、「こういう場合は→どう言う・書く」という視点に立って文法の知識を駆使するという「発信型」の文法書を目指しました。

　例えば、日本語では、「その子は川で溺れたが、トムに助けられた」という文は違和感がありません。しかし、これを英語になおす場合、"The child *was drowned* in the river, but was saved by Tom."としたのでは正しい英文にはなりません。なぜなら、英語では"drown"あるいは"be drowned"は"die by being unable to breathe under water"（水中で息ができなくて死ぬ）という意味を表すからです。つまり「死ぬ」という結果が含まれている語なのです。ですから、先の英文では「死んだその子がトムによって助けられた」という意味になって、矛盾することになります。正しくは、"The child was *almost* drowned in the river, but was saved by Tom."となります。

こうした情報は学校文法や従来の文法書では教えてくれません。本書にはこうした情報が満載されています。基本的には「〜という場合にはどう言う？」「〜と…とは同じか？」「〜はOKか？」というような形で、読者が書いたり、言ったりする場合の疑問を想定して、その疑問に答えるという形式をとっています。

また、本文で扱いきれない事柄の補足・説明的なコメントのほかに、読者の "coffee break" として、「トリビア (trivia)」的なトピックを *More* と題して本文下の囲みの中に載せました。お楽しみいただければ幸甚です。

英文をはじめとする内容全般にわたって、長年の畏友であるクリストファ・バーナード（Christopher Barnard）氏に監修をお願いしましたが、本書の内容に関する責任はすべて筆者にあります。

2007年10月

勝見　務

《凡 例》
- 例文中で、原則として［　］は交換可能な語句を、（　）は省略可能な語句を示しています。
- 解説の中で英文（語・句）は " " で提示しましたが、ところによって特に構文を意識する場合は〈　〉で囲んで提示してあります。
- 解説や例文（日本文、英文とも）の中で、重要部分を示す太字に加えて、下線を施してある場合があります。使用上の留意点と考えてください。

監修のことば

　監修にあたって、私は本書の独創的なアプローチに驚かされました。また、限られた紙幅の中で相当に複雑な文法事項が、筆者により見事に明快に説明されていることにも驚かされました。

　各ユニットで扱われている文法事項の多くは、日本の英語学習者の問題点になっているものです。そして、こうした問題点のほとんどすべてを、筆者は斬新な切り口で解明しています。それは必ずや読者の理解に資するものと信じております。

　また、みなさまが意外に思ったり、これまでふつうの文法書や参考書には取り上げられていなかったりするような文法項目も取り上げられています。実はそれらも英語を習得する上では等しく重要なものなのです。

　読者のみなさまが、すべて注意深く選び抜かれた本書のkey sentences（例文）を学ばれて、その背後に潜むコンセプトを理解されることを願っております。そうすれば、みなさまの英語は上達し、英文法を新しい、興味深い観点から見始めることになるものと、私は確信しております。

クリストファ・バーナード
Christopher Barnard

CONTENTS

第1章
名詞は冠詞で生きている

「ここは"a"かな？ それとも"the"かな？」などと、どちらの冠詞を使えばいいのかひとしきり迷うことがよくあります。

冠詞の文法を学ぶ場合、基本的には冠詞は限定を表すものと考えることができます。ですから "the day after tomorrow"「明後日」に"the"がつくのは論理的に納得がいきます。明日の後の日は1日しかない、つまり限定されているからです。

しかし、これが"day after tomorrow"と無冠詞で言う場合（特にアメリカ英語）には、慣用的な形式となってしまいます。こうした例は枚挙に暇がありませんが、慣用表現も重要な情報の1つです。

この章では冠詞を必要とする名詞との関わりに焦点をしぼってあります。固有名詞に冠詞がつく場合や、冠詞がつくことによって名詞の種類や意味が異なる場合などにふれています。

ネイティブスピーカーのように完全には使いこなすことは無理としても、少しずつであっても習得したいものです。

数えられる名詞でも "a" がつけられない場合とは

☑️ その名詞が元の形でなくなった場合は **"a"** がつきません。

> きみの上唇_{うわくちびる}に**バナナ**がついているよ。
> There is **banana** sticking on your upper lip.

ふつう "banana" や "orange" などは数えることができますから、1本・個の場合には "a banana" とか "an orange" と「不定冠詞」の "a/an" をつけて言います。

しかし、次のような状況ではどうでしょう？

▶ きみの上唇にバナナがついているよ。

➡ There is **banana** sticking on your upper lip.

? There is **a banana** sticking on your upper lip.
（きみの上唇にバナナが1本ついているよ）

上の文では、"banana" は皮をむいて食べるときに上唇にくっついたバナナで、皮がついた1本、2本と数えられる形ではなくなっています。**このように元の形ではなくなった一部を表す場合には、数えられる名詞であっても "a/an" をつけることができません。**？の文は文法的には可能ですが、これでは手品師がマジックを使ってバナナを丸ごと1本上唇にくっつけているといったような場面しか考えられないでしょう。

▶ 1）彼は卵をテーブルにこぼしてしまった。

➡ He spilt **egg** on the table.

▶ 2）彼は卵をテーブルの上に落としてしまった。

➡ He dropped **an egg** on the table.

1）も2）も可能ですが、1）では卵を割ってお椀に入れようとして、その一部をテーブルの上にこぼしたような場面で、2）は卵1個をテーブルに落としてしまった場面が考えられます。2）のほうが悲惨です。

また、"a lamb" あるいは "lambs" と言えば「羊」ですが、"lamb" と言えば「羊の肉」を指します。同様に、"a chicken" や "chickens" は「鶏」、"chicken" は「鶏肉、チキン」です。

"a"を「1つ」以外の意味で使う場合とは (1)

☑ 「ある程度の」のニュアンスになる場合があります。

彼女はスペイン語の**心得**があります。
She has **a knowledge** of Spanish.

「抽象名詞」は動詞や形容詞などの他の品詞から転用された名詞で、"knowledge" や "kindness" など人間の頭の中にだけある物事を表し、数えられないものとされています。例えば、日本語では「それは1つの知識だよ」と言えますが、英語では× "It is *a* knowledge." とは言いません。

しかし、次のように "a" をつけて言う場合があります。

▶ 彼女はスペイン語の心得があります。
  ➡ She has **a knowledge** of Spanish.
  × She has *knowledges* of Spanish.

この "a" は**「ある程度の」**のニュアンスです。したがって、彼女は流暢とまではいかないけれど、まあまあ不自由しない程度の「スペイン語の心得がある」というわけです。しかし "a" がつくからといって複数形にできるというわけではありません。

同じ抽象名詞でも、"kindness" はまた少し違います。

▶ 1) 彼は親切心からそう言ったのだ。
  ➡ He said so out of **kindness**.
▶ 2) 彼女は [いろいろと] 親切にしてくれた。
  ➡ She did me **a kindness** [**many kindnesses**].

1) は純粋な抽象名詞で冠詞はつきません。2) は「親切な行為」という普通名詞に使われています。ただし、複数形で使う場合には、× "She did me *two* kindnesses." などと具体的な数詞を伴って使うことはふつうできません。

他では、"a pleasant experience"「楽しい経験」は具体的な個々の経験を指しますが、"business experience"「実務経験」は長期にわたる知識や技術としての経験を指し、数えられない名詞の扱いです。

"a" を「1つ」以外の意味で使う場合とは (2)

☑ "the same" や "some" の意味になる場合があります。

> 彼女とぼくはその件については**同じ**意見だ。
> She and I are of **a mind** about the matter.

"a/an" は「1つ」以外にもいろいろな意味を表しますが、特に注意しなくてはならない使い方があります。次のような場合です。

▶ 彼女とぼくはその件については同じ意見だ。

⇒ She and I are of **a mind** about the matter.

☞ be of a mind about「～について同じ意見である」

▶ 同じ羽の鳥は群れをなす。（類は友を呼ぶ）《諺》

⇒ Birds of **a feather** flock together.

上の2つの "a" はいずれも "the same" の意味です。"a" はもちろん単数の名詞につきますから、その名詞は「1つ」(one) なのですが、つねにその意味が強調されているわけではなく、やはり文脈が関係しています。

▶ ここは私たちがよく1、2杯グラスをあげた酒場だ。　　[「1つ」の意味]

⇒ This is the tavern where we used to raise **a glass** or two.

次の使い方にも注意が必要です。

▶ 彼はしばらくの間考え込んでいるようだった。

⇒ He seemed to be thoughtful for **a time**.　　　　[some の意味]

▶ 彼女こそ親切に扱われねばならない（ような類の）女性だ。

⇒ She is **a woman** that must be treated kindly.　　　[such の意味]

"a/an" は "such", "such a wonderful～"「そういった、そういうすばらしい」の意味を表す場合があります。その場合、**[éi]** と**発音**します。上の2つ目の文がそれにあたります。次の例でも2つ目の "a" は [éi] と発音します。

▶ 彼は子どもじゃない。大人だよ。

⇒ He is not a boy. He is **a man**.　　　[「一人前の」という意味を強めて]

絶対に "a" や "-s" のつかない名詞を数えるには

☑ "**an item**[**two items**] **of** 〜" などの決まった形を取ります。

次に**ニュースを3本**お伝えします。
There'll be **three items of news** coming up next.

002項で例をあげた抽象名詞の中には "a/an" をつけたり、複数形にしたりできないものがあります。

▶ 今日はあまりニュースがありません。
  ➡ There isn't **much** news today.

▶ 次にニュースを3本お伝えします。
  ➡ There'll be **three items of** news coming up next.

日本語では数えられる名詞が、英語では数えられない名詞に分類されているものは、特に注意が必要です。それらを数える場合には、

an item of 〜 / **two items of** 〜
a piece of 〜 / **two pieces of** 〜

のような形をとります。

▶ 先生は私たちに2、3の助言をしてくれた。
  ➡ The teacher gave us **a few pieces** [**bits / words**] **of** advice.

▶ ここではその問題についていくつかの情報が得られます。
  ➡ You can get **some pieces** [**bits / items**] **of** information about the matter here.

▶ あなたの荷物はいくつありますか。
  ➡ **How many pieces of** baggage do you have?

▶ 部屋にはほとんど家具がなかった。
  ➡ There were **few pieces** [**items**] **of** furniture in the room.

▶ 良質の板が一枚要るのだが。
  ➡ I need **a nice sheet of** wood.

▶ 私が試合に勝ったのはほんのまぐれよ。
  ➡ It was just **a piece of** luck that I won the game.
    ☞luck の場合は、"*two pieces of luck*" などとは言えない

数えられない名詞に "a" がつく場合とは (1)

☑ 意味によって、冠詞の有無などの扱いが変わるものもあります。

難しい**仕事** ➡ (× a) difficult **work**
革命的な芸術**作品** ➡ **a** revolutionary **work** of art

絶対に "a/an" をつけたり、複数形にしたりしない抽象名詞は、他にも次のようなものがあります。

▶ 1) 今ひどい天候なんだよ。
　➡ We're having terrible **weather** now.
▶ 2) 今日の天気はひどいよ。
　➡ **The weather today** is terrible.

"weather" は 1) のように**ふつうは無冠詞**です。しかし 2) の場合には「今日の天気」を問題にしているので、制限を受けて定冠詞をつけることになります。しかし **"a" は決してつきません**。

さらにいくつか例をあげます。

▶ 彼女はピアノで目を見張る進歩をとげた。
　➡ She made remarkable **progress** in the piano.
▶ 母はすこぶる元気です。
　➡ My mother enjoys very good **health**.
▶ それは難しい仕事でしょうね。
　➡ It's difficult **work**, isn't it?

"work" が「仕事」を意味する場合には、数えられない名詞 (不可算名詞) の扱いをするので、"a" がついたり複数形になったりすることはありませんが、「作品」「業、事業」を表す場合には数えられる名詞 (可算名詞) になります。

▶ それは革命的な芸術作品だった。
　➡ That was **a** revolutionary **work** of art.
▶ 彼の妻は慈善事業に献身している。
　➡ His wife is devoting herself to good **works**.

006 数えられない名詞に "a" がつく場合とは (2)

☑ 「物質名詞」の "hair" もそうですが、当然意味も変わってきます。

> スープに**髪の毛**が入っていたよ。
> I found **a hair** in my soup.

"hair" は集合的に扱う場合には "water", "sugar" などのように特定の形のない、いわゆる「**物質名詞**」になりますので、"a/an" がついたり複数の "-s" がついたりすることはありません。

▶ ジェーンは長いブロンドの髪をしている。

   ➡ Jane has long blond **hair**.

▶ 散髪をしてもらわなくてはいけない。

   ➡ I must have my **hair** cut.

     ☞〈have ＋目的語＋過去分詞〉の構文については**126**項を参照

▶ 父の髪はだんだん薄くなっている。

   ➡ My father's **hair** is getting thinner and thinner.

しかし、1本1本を指す場合には「**普通名詞**」として扱います。

▶ スープに髪の毛が入っていたよ。

   ➡ I found **a hair** in my soup.

▶ あなた、白髪が少しあるわよ。

   ➡ You have **some** gray **hairs**.

次の例では髪の毛全体の1本1本を指しています。

▶ 髪の毛までみな数えられている。——『マタイ伝』10章30節

   ➡ **The hairs** of one's head are all numbered.

 「紙 [**髪**] 一重（ひと え）」

ハルウララは紙一重の差でレースに負けた。
Haru-urara lost the race **by a hair**.

これは偶然とは言え、面白い表現だとは思いませんか？

007 「唯一のもの」に"the"をつけない場合とは

☑ いろいろな様相のうちの**1**つを意味するときには**"a/an"**がつきます。

明るい満月が山の上に出ていました。
There was **a bright full moon** above the mountains.

"sun"，"moon"など「この世に唯一のもの」には"the"をつけるのが決まりですが、ここでも例外があります。

▶ 明るい満月が山の上に出ていました。
 ➡ There was **a bright full** moon above the mountains.

"moon"はふつう"space travel to **the** moon"（月への宇宙旅行）のように定冠詞をつけて使いますが、上のように形容詞（bright, full）によって修飾するときには"moon"の1つの様相を表すことになります。その場合には、**いろいろな様相のうちの1つ**ということで"a/an"をつけることになります。

同様の例をあげておきましょう。

▶ 私たちはこの前の日曜日に海に泳ぎに行った。
 ➡ We went to **the** sea to swim last Sunday.
▶ 静かな海だったので、私たちは大いに水泳を楽しんだ。
 ➡ It was **a calm** sea, and we enjoyed swimming very much.
▶ 彼は叫んだ、「ああ、ぼくは今世界の頂点に立った！」
 ➡ He cried, "Oh, I'm now on the top of **the** world!"
▶ 著者はその本の中で、想像の世界を描いている。
 ➡ In her book, the author describes **an imaginary** world.
▶ 私たちは変わりゆく世界に住んでいる。
 ➡ We live in **a changing** world.

> *More* **"sun"が「恒星」を表す場合**
>
> ふつうの可算名詞の扱いをします。
>
> 私たちの銀河には無数の太陽（恒星）があります。
> There are numerous **suns** in our galaxy.

☑ ふつうは無冠詞ですが、特定の食事を指す場合などは冠詞をつけます。

彼は毎朝たっぷり朝食 [**たっぷりとした朝食**] をとる。
He has **a large breakfast** every morning.

"breakfast", "lunch", "dinner" など食事を表す語はふつう冠詞をつけずに使います。しかし、形容詞で修飾されたり、特定の食事を指したりする場合には、"a/an" や "the" がつきます。

▶ 1) 私は朝食はいつもパンとコーヒーです。
　⇒ I always have bread and coffee for **breakfast**.
▶ 2) 彼は毎朝たっぷり朝食 [たっぷりとした朝食] をとる。
　⇒ He has **a large** **breakfast** every morning.　　　[形容詞で修飾]
▶ 3) そのホテルでとった朝食はとてもおいしかった。
　⇒ **The** **breakfast** **we had at the hotel** was very good.

[関係詞節で修飾]

"coffee" や "beer" などの「物質名詞」はふつう無冠詞です (☞ 006項)。しかし、**これらが入れ物に入った具体的な姿が頭にある場合**、"a/an" がついたり、複数形になったりします。

▶ コーヒー2つと紅茶を1つお願いね。　　　　　[カップに入ったもの]
　⇒ **Two** **coffees** and **a** **tea**, please.

病気の場合には少し複雑です。無冠詞とされていますが、**一期間の病気とか、肉体的・精神的不調の場合**には "a/an" をつけることが多いようです。

▶ 私の父は糖尿病です。　　　　　　　　　[無冠詞：慢性的]
　⇒ My father has **diabetes**.　☞ [dàiəbíːtiːz] と発音
▶ 私は頭痛がした [風邪だった / 悪寒がした / 熱があった]。　　[一時的]
　⇒ I had **a** **headache** [**cold / chill / fever**].
▶ インフルエンザにかからないように気をつけてね。
　⇒ Be careful not to catch (**the**) **flu**.　☞ "the" をつけることがある

009 普通名詞でも無冠詞で使う場合とは（1）

☑ 交通手段や、その名詞の「本来の目的」を表すとき無冠詞になります。

ちょっと待ってね。彼女、今**会議中**だから。
Hang on a sec. She is **in conference**.

普通名詞であっても、冠詞をつけずに使う場合があります。その典型は**交通手段を表す場合**です。

▶ 1）私は空港へ車で行った。

⇒ I went to the airport **by car**.

▶ 2）私たちは［彼の］車でスタジアムに行った。

⇒ We went to the stadium **in a [his] car.**

1）のように前置詞が"by"の場合には冠詞はつきません。しかし2）のように**"in"の場合には冠詞や所有格の（代）名詞が必要**です（☞詳細は053項を参照）。

無冠詞で使う類似の例をあげておきましょう。

▶ 空路で / 海路で / 陸路で ⇒ **by** air / sea / land

▶ 徒歩で ⇒ **on** foot

▶ 電話で / 航空便で ⇒ **by** telephone / airmail

　　cf. **on [over] the telephone**「電話で」

普通名詞が**その本来の目的を表すとき**、次のように無冠詞で用いられます。

▶ めちゃくちゃ疲れていたので早く床に就いた。（ベッド＝寝る所）

⇒ I **went to bed** early because I was awfully tired.

▶ 彼の娘は自転車で学校に通っている。（学校＝勉強の場）

⇒ His daughter **cycles to school.**

▶ ちょっと待ってね。彼女、今会議中だから。

（会議＝話し合いをすること・場所）

⇒ Hang on a sec(econd). She is **in conference.**

▶ 彼は刑務所に送られた。（刑務所＝刑を償う場所）

⇒ He **was sent to prison.**

Technique 010　普通名詞でも無冠詞で使う場合とは (2)

☑ 前置詞でつないだ、よく使うイディオムがあります。

> ♪手に手をつないで歩いて行こう♪
> ♪ We'll walk **hand in hand**. ♪

　具体的なものを表す普通名詞も、前置詞でつないでイディオムとして使う場合、冠詞がつかないものがたくさんあります。

▶ ♪手に手をつないで歩いて行こう♪
　　➡ ♪ We'll walk **hand in hand**. ♪

　これは、1960年代アメリカの公民権運動の象徴的な歌 "*We Shall Overcome*"（『勝利を我らに』）の歌詞の2番の中にある一節です。Pete Seegerとか Joan Baezといった有名なフォークソング歌手が歌ったことでも知られています。

　同じようなイディオムをいくつか紹介しておきましょう。いずれもよく用いられるものばかりです。

▶ 初めから終わりまで ➡ from beginning to end
▶ 右から左に ➡ from right to left
▶ 上から下まで ➡ from top to bottom
▶ 面と向かって、差し向かいで ➡ face to face
▶ 腹を割って ➡ heart to heart
▶ 一対一で ➡ person to person / man to man
▶ 並んで、肩を並べて ➡ side by side

More　「その日暮らし」

　世界の半分以上の人々が文字通りその日暮らしをしている。
　More than half of the people in the world literally **live from hand to mouth**.

　こうした現実を目の当たりにするとき、「いいかげんにテレビのグルメ番組などはやめてもいいのでは？」という思いにかられます。

第1章　名詞は冠詞で生きている　*21*

「その」以外に、普通名詞から抽象名詞を作る使い方があります。

彼の性格にはどこか**子どもっぽいところ**がある。
There is something of **the child** in his character.

"the" はつねに「その」と何かを指し示しているわけではありません。例えば、〈**the ＋普通名詞**〉が**抽象名詞のような働き**をすることがあります。

▶ 1) 彼の性格にはどこか子どもっぽいところがある。

  ➡ There is something of **the child** in his character.

▶ 2) 文は武より強し。《諺》

  ➡ **The pen** is mightier than **the sword**.

　1) では "the child" は「その子ども」ではなくて「子どもっぽさ」という抽象的な意味を表します。また 2) でも、"the pen" は「言論や文筆の力」を、"the sword" は「武力」を表します。これらは**書きことばで使われる表現**です。

　さらには、〈**the ＋形容詞**〉が抽象名詞（☞ 002項を参照）を表したり、〈形容詞＋ people〉の意味になったりすることがあります。

▶ 私たちは未知なるものを恐れる。

  ➡ We are afraid of **the unknown**.

▶ きみは審美眼（美しいものを見分ける眼力）がある。

  ➡ You have an eye for **the beautiful**.

    ☞ have an eye for「〜を見る目がある」

▶ 一般に若者は老人を理解しないし、逆もまた真である。

  ➡ Generally speaking, **the young** don't understand **the old**, and vice versa. （the young ＝ young people; the old ＝ old people）

More「母性愛」

　赤ん坊を見たとき、彼女は母性愛が胸にこみあげるのを感じた。
She felt **the mother** rise in her breast at the sight of her baby.

「母性愛」が死語になってしまったかのような事件が発生しています。

"the"はいつも「その」でよいか (2)

☑ 感嘆の意を表したり、習慣的に必ず "the" をつける表現があります。

> 何と厄介なことか！
> **The** frustration!

　口語で、感嘆文の代わりに〈**The＋名詞!**〉の形を使うことがあります。もちろん誉めるときにもけなすときにも使います。(☞感嘆文については214項も参照)

▶ 何と厄介なことか！
　➡ **The frustration !** ［口語的］
　➡ **What a frustration**（it is）**!** ［ふつうの「感嘆文」］

他にも2つ例をあげておきましょう。

▶ 何とすばらしい［すごい/いやな］ことだろう！
　➡ **The idea of it !**
▶ 何て悪党なんだ！
　➡ **The villain !**
　　☞ [vílən] と発音

また、**習慣的に必ず "the" をつける**重要な表現があります。

▶ 彼女はピアノを弾くのが好きだ。
　➡ She likes playing **the piano** ［楽器］
▶ 彼はワルツと同じくチャールストンも踊れる。 ［ダンスの名］
　➡ He can dance **the Charleston**, as well as **the waltz**.
　　☞Charleston は1920年代に米国で流行した踊り
▶ 私たちはみんな故J. F. ケネディを尊敬している。
　➡ We all respect **the late** J. F. Kennedy. ［late（故）＋人名］
▶ 彼らは同じ時期に同じ学校に通っていた。
　➡ They went to **the same school** at **the same time**. ［sameの前］
▶ ユキは2人の姉妹の中で背の高いほうである。
　➡ Yuki is **the taller of the two sisters**. ［2人の中での比較］

☑ 特別な意味を出したいとき、固有名詞に冠詞をつけることがあります。

鹿児島は**東洋のナポリ**と呼ばれることがある。
Kagoshima is sometimes called **the Naples of the East.**

　固有名詞にはふつう冠詞がつきませんが、複数形にしたり、冠詞をつけて用いたりする特別な場合があります。

▶ 鹿児島は東洋のナポリと呼ばれることがある。
　➡ Kagoshima is sometimes called the Naples of the East .

　上の例は、"Kagoshima of the East is the same as Naples in Italy."と同じ意味です。次の3つの例、特に最初の2つを比べてみましょう。

▶ 1）私はジョディ・フォスターのようになりたいと思っている。
　➡ I want to be a Jodie Foster.
▶ 2）彼女は日本のジョディ・フォスターと呼ばれている。
　➡ She is called the Jodie Foster of Japan .
▶ 3）私が部屋に入ったとき、彼はピカソの絵を見ていた。
　➡ When I went into the room, he was looking at a Picasso.

　1）〈**a / an ＋有名な人**〉は「〜のような人」の意味です。ここではもちろん、「Jodie Fosterのような（すばらしい）女優」ということです。
　2）では"of Japan"という修飾語句があるため"the"がついています。
　3）は「ピカソの絵［作品］」という意味です。
　〈**a / an ＋ふつうの人**〉や〈**ふつうの人 ＋ -s**〉の場合もあります。いずれも「そのような名前の人」という意味で、使いでのある表現です。

▶ 今日の午後山岡さんとかいう人が会いに来ましたよ。
　➡ This afternoon a Mr. Yamaoka came to see you.
▶ 当社には田中は4人おります。
　➡ There are four Tanakas in this firm.

第2章
動詞はズレと重なりを意識しよう

動詞は英語の文法の中でもとりわけ規則が多くて複雑な項目です。この章では、私たち日本人が間違いやすい動詞の使い方や、Synonym（類語）の区別などについて主にふれています。

当然のことですが、日本語のある単語と意味がぴったり重なる英語の単語があることはほとんどありません。逆もまた真なりです。そうした意味の重なり合った部分とズレている部分の見分け方が重要です。重なっていると思って使ってもネイティブスピーカーには通じないことがあります。

例えば、「駅へ行く道をおしえてください」を "Will you teach me to the way to the station?" と言えば、相手はあなたの意図することはわかってくれますが、あなたの英語力をそれほどほめてはくれないでしょう。ここでは "Will you tell [show] me the way to the station?" と正しく使いたいものです。類語の使い分けを意識しましょう。

014 "have got"はどのように使うか

☑ くだけた表現で、"have"の代わりに使います。

彼女には新しい恋人がいる。
She**'s got** a new boyfriend.

所有・関係などを表す場合の"have"の代わりに、くだけた表現では"have got"をしばしば使います。くだけた表現ですから、格式ばった書きことば、例えば論文などでは避けるほうが無難です。

▶ 彼女には新しい恋人がいる。
➡ She**'s** [She **has**] **got** a new boyfriend.

上の文は会話では"She has a new boyfriend."よりもnaturalな感じがします。通例"'ve got"や"'s got"のように短縮形で用いられます。
疑問文は次のような2通りの文がふつうです。

Has she got a new boyfriend? 《英》
Does she have [× *Does she* have got] a new boyfriend? 《米》

"have to"の代わりに"have got to"を使うこともできます。

▶ 私たちは夜遅くまで働かねばならないだろう。
➡ We**'ve got to** [have to] work till late at night.

過去形ではこの形を使うことはめったにありません。

▶ 彼は先週風邪を引いていた。
➡ He **had** [× had got] flu last week.

また、**"have got"**はつねに**"have"**と交換できるとは限りません。命令文や"have a look [ride, walk, etc.]"のようなイディオムでは交換することができません。

▶ ねえおまえ、大目に見てくれよ。
➡ **Have** [× Have got] **a heart**, my dear!
  ☞ **Have a heart!** は「勘弁してよ、意地悪しないで」の慣用表現

✅ 文脈に応じていろいろな語を使い分ける必要があります。

それはよい経験**になった**。
After all, it **was** a good experience.

　「～になる」＝〈become ～〉を中学で英語を勉強し始めたころに刷り込まれた後遺症で、「～になる」を他の言い方で表現するのに苦心する人が多いようです。例えば、次のような場合です。

▶ それはよい経験になった。
　➡ After all, it **was** a good experience.

　この例では "be動詞" を使っています。「いろいろと苦しいこともあったが、結局はよい経験だった」と読みかえています。
　もっとも、「最初はいやだったが、次第によい経験になっていった」という文脈であれば、"It **became** a good experience." も可能です。
　以下にいくつかの「～になる」の例をあげておきましょう。

▶ 私はロシア語がわかるようにはならなかった。
　➡ I never came [**learnt**] **to** understand Russian.
　　☞ learn to do については **128** 項を参照

▶ ついにそれは動かなくなった。
　➡ Finally, it **stopped** moving.

▶ 彼女は二度と彼に会えなくなるかもしれない。
　➡ She might **not be able to** see him again.

▶ うちの娘も結婚適齢期になった。
　➡ Our daughter **has grown** old enough to marry.

▶ 物音はだんだん聞こえなくなった。
　➡ The noise **died away** gradually.

　字面の下に隠れている意味を汲み取って、それに見合った動詞や構文を使って表すことが大事です。このアプローチはこの項だけではなくて、英語学習の全般にわたって有効です。

016 "go"と"come"はどちらも「〜になる」に使えるか

✓ はい、使えますが、使い方が異なります。

世の中がすべて**おかしくなった**。
The whole world has **gone crazy**.
結局万事**うまくおさまった**。
Everything **came right** in the end.

基本的に"go"は「通常の状態」から「そうでない状態」に「行く」、すなわち「〜になる」の意味に使います。"go"の後には**主に好ましくない意味を表す形容詞・過去分詞**が来ます。

▶ 世の中がすべておかしくなった。
  ➡ The whole world has **gone crazy**.

▶ 箱の中のりんごはみんな腐っていた。
  ➡ All the apples in the box **went bad**.
▶ 彼女は恥かしさで真っ赤になった。
  ➡ She **went red** with shame.

一方、"come"は一般に「**好ましくない状態**」から「**平常の状態**」に「**来る・到達する**」**場合**に使います。

▶ 結局万事うまくおさまった。
  ➡ Everything **came right** in the end.
▶ ようやく私たちの夢がかなった。
  ➡ Our dream has **come true** at last.
▶ エンジンがまた動き出した。
  ➡ The engine **came alive** again.

 例外的に come の後に好ましくない状態を表す語が来ることがあります。主に "un-" で始まる過去分詞の場合が多いようです。

彼の靴ひもがほどけてしまった。
His shoelaces **came untied**.

Technique 017 「つくる」は "make" か "create" か

☑ それぞれ特定の文脈で固定した用法があります。

初めに神は天と地を**創**った。——『創世記1章1節』
In the beginning God **created** the heaven and the earth.

「つくる」は日本語では、「創る」、「造る」、「作る」のように漢字で意味が使い分けられています。

「創る」は無から有を「つくる」とか、神が天地を「つくる」というときに用います。

「造る」はタンカーとか酒を「つくる」というように大規模なもの・有形のものを「つくる」のに用います。

「作る」は人形、時間などを「つくる」場合のように、小規模なものを「つくる」のに用いられるようです。

英語にもこれに類似した使い分けがあります。

▶ 初めに神は天と地を創った。——『創世記』1章1節
　➡ In the beginning God **created** the heaven and the earth.

この場合には "created" を "made" と交換することはできません。次の例では逆になります。

▶ トムは工作の時間に机とイスを作った。
　➡ Tom **made** [× created] a desk and chair in woodwork.
▶ 日本は第二次世界大戦後戦争をしたことがない。
　➡ Japan has never **made** [× created] war since the end of the World War Ⅱ.

交換可能な例もあります。

▶ 彼らは新しいワインを造るのが楽しみだった。
　➡ They enjoyed **making** [**creating**] new kinds of wine.
▶ その映画は一大センセーションを巻き起こした。
　➡ That movie **created** [**made**] a great sensation.
　　☞もちろん **caused** も可能

018 「話す」は "speak" でも "talk" でもよいか

 重なる部分もありますが、それぞれ少しずつ違います。

A fool may **talk**, but a wise man **speaks**.—Ben Jonson
（愚者は**おしゃべりをし**、賢者は**実のある話をする**）

「類語」は意味が重なる部分が多いのがふつうですが、"speak" と "talk" は次の図のように特にそのことが言えます。

speak　　　　talk　　（■は共通に使える部分）

どちらも声に出して話すことを表す一般的な動詞ですが、**"talk" の ほうは "speak" ほど話の内容が堅くない場合に使われる**傾向があり、冒頭の例文はそのことを表す格言です。したがって、友だちとの気軽な会話で、思っていることを話す場合などには "talk" を、演説や講演などで話す場合には "speak" を使います。

次のような場合はどちらを使っても、さほど差はありません。

▶ 僕はただナオミと話していただけだ。

⇒ I was just **speaking** [**talking**] to Naomi.

▶ 聞こえるようにもう少し大きな声で話してください。

⇒ **Speak** [**Talk**] louder so that we can hear you.

▶ うちの子は最近話すようになった。

⇒ Our baby has begun to **talk** [**speak**] lately.

次の例は、格言・諺・慣用表現なので交換が不可能な場合です。

Money **talks** [× speaks].

（金がものを言う）

Actions **speak** [× talk] louder than words.

（言葉より行動のほうが雄弁である）

Frankly **speaking** [× talking], I don't like them.

（率直に言って、私は彼らが好きではない）

☑ **交換可能な場合と不可能な場合があります。**

お名前を**言って**ください。[初対面の人に]
Please **tell** me your name.

前項でも述べましたが、"say", "speak", "talk", "tell" などの「類語」は交換できたり、あるいは同じ意味を、少し構文を変えれば使える場合があったりしてなかなか複雑です。一度にそれぞれを比較することは不可能です。

基本的な "say" と "tell" の意味は次のとおりです。

- say =「言葉を話す / 言葉で表す」
- tell =「物語る / くわしく話し、情報を伝える」

▶ 1) お名前を言ってください。
　➡ Please **tell** me your name.
▶ 2) お名前をもう一度言ってください。
　➡ Please **say** your name again.

最初の例は初対面の人から名前という情報を求めています。2番目の例は相手が言った名前が聞き取れなかったりした場合に、相手に名前を発音することを求めています。文型の違いにも注意してください。"say" は二重目的語をとることができません。

"say" と "tell" が交換不可能な例をあげておきます。

▶「本当のことを話してくれ」と彼は私に言った。
　➡ He **said to** [×told] me, "**Tell** [×Say] the truth."
▶ 子どもたちに、彼女は物語を話し、彼は詩を暗唱した。
　➡ She **told** [×said] a story and he **said** [×told] a poem to the children.
▶ 彼は私にここに留まるように言った。
　➡ He **told** [×said to] me to stay here.
　　☞ この意味では **say** の後に **to** 不定詞を続ける用法はない
　　「〜ように言う」の表現法については 021 項を参照

020 「おしえる」はどの動詞を使えばよいか

☑ "teach", "tell", "show" を使い分けます。

> 美術館へ行く道を**おしえて**くれませんか。
> Could you **tell** me the way to the museum?

日本語の「おしえる」は英語の "teach", "tell", "show" をカバーします。ですから、どの動詞を使うかを正確に見きわめなければいけません。また、それぞれの動詞の意味が重なり合うこともあります。

▶ 美術館へ行く道をおしえてくれませんか。

⇒ 1) Could you **tell** me the way to the museum?
⇒ 2) Could you **show** me the way to the museum?
⇒ 3) × Could you *teach* me the way to the museum?

1) は口頭で説明する場合ですが、2) は本人と一緒に行っておしえるとか、略図を書いて示す場合です。初対面の人に 2) のように頼むことは失礼でしょう。"teach" は教授・教育・知識・学問・教訓などに関して「おしえる」ことです。

以下の例で使い分けの勘所をつかんでみてください。

▶ 電話番号おしえてくれる？

⇒ Will you **tell** [× teach, show] me your phone number ?

▶ 彼女は子供たちにフランス語をおしえている。

⇒ She **teaches** [× tells, shows] children French .

▶ この機械がどれほど役立つかおしえてあげましょう

⇒ I'll **show** [× teach, ? tell] you how useful this machine is .

More 「おしえる」→「知らせる」

次のような「おしえる」の表現もあります。The Beatles の "The Long and Winding Road" の一節です。

> ♪どうしてぼくをここに立たせておくのか、進む道をおしえてくれ。♪
> ♪ Why leave me standing here, **Let me know the way.** ♪

☑ 動詞によっていろいろな意味・ニュアンスがあります。

> 母は私に皿を洗うのを手伝う**ように言った**。
> Mother **told** [**invited**/**asked**] me to help her wash the dishes.

　日本語の「(～するように) 言う」は英語のいろいろな動詞に当てはまりますが、それらは意味・ニュアンスにおいて違いがあります。

▶ 母は私に皿を洗うのを手伝うように言った。
　➡ 1) Mother **told** me to help her wash the dishes.
　➡ 2) Mother **invited** me to help her wash the dishes.
　➡ 3) Mother **asked** me to help her wash the dishes.

　1) "tell" は "order"「**命じる**」に近い意味があります。したがって、「母は皿を洗うのを手伝うようにきびしく言った」というニュアンスがあります。
　2) "invite" は「**丁寧に頼む**」という意味があります。したがって、「母は皿を洗うのを手伝うようにやさしく呼びかけた」といったニュアンスがあります。
　3) "ask" は "invite" ほど丁寧ではありませんが、「**頼む**」という意味です。「母は皿を洗うのを手伝うように頼んだ」というニュアンスです。
　次の例もそれぞれ意味・ニュアンス ([　] 内) が違います。

▶ 医者は父にタバコを止めるように言った。　　　　[忠告]
　➡ The doctor **advised** my father to quit smoking.
▶ 彼は勘定はお前が払えと言った。　　　　　　　[強要]
　➡ He **insisted** on my paying the bill.
▶ 警官は少年にヘルメットをかぶるように言った。　[警告]
　➡ The policeman **warned** the boy to wear a helmet.
▶ 先生はこの本を読んだらどうかと言った。　　　　[推薦]
　➡ The teacher **recommended** me to read this book.

　"insist" のみ、〈**insist on ＋所有格＋ -ing**〉の型をとることに注意してください。

022 「テレビを見る」は英語でどのように言うか

✅ **"watch", "see", "look at"** が使えますが、ニュアンスが異なります。

昨夜はテレビを**見ました**か。
Did you **watch** [**see** / **look at**] television last night?

「話す」(☞018項) や「おしえる」(☞020項) と同じように、「見る」も すっきりと区別することはむずかしい動詞です。"see", "watch", "look at" は交換可能な場合と不可能な場合があります。例えば、「テレビを 見る」は "watch television" が一般的ですが、次のように言うこともで きます。

▶ 昨夜はテレビを見ましたか。

➡ Did you **watch** [**see**/**look at**] television last night?

☞**look at** には「少しの間」の意味が含まれている (くわしくは次項参照)

これに対して、次のような答え方があります。

1) I did not **watch** [**look at**] it. [× see]
（見ませんでした）
2) You know I always **watch** it. [× see; △ look at はまれ]
（僕がいつも見ていることは知っているだろう）
3) I never **see** [**watch** / **look at**] television at all these days.
（テレビは最近、全然見ていません）

[*Overseas Students' Companion to English Studies*]

上のような微妙な違いを体感するのは私たち非ネイティブスピーカー にはなかなか大変なことです。

「テレビで〜 (番組など) を見る」と言う場合には、次のようになります。

▶ 昨日テレビでサッカーの試合見たかい？

➡ Did you **watch** [**see**] the football match **on television**?

同じ動く画面を見るにしても、「映画を見る」は "see a movie" と言い、 ×"*watch* a movie" とは言いません。

次項でも「見る」の使い分けを考察していきます。

023 "look at"と"watch"の使い分けは？

☑ **"look at"**は短い時間、**"watch"**は比較的長い時間「見る」ことを表します。

> 彼はオフィスの中で彼女を**見** [**てい**] た。
> He **looked at** [**watched**] her in the office.

"look at" も "watch" も「じっと見る」という意味があります（"see" にはありません）が、次のような使い分けがあります。

- look at ＝ しばしば短い時間帯で「じっと見る」
- watch ＝ 比較的長い時間「じっと見る」

▶ 彼はオフィスの中で彼女を見 [てい] た。
　➡ He **looked at** [**watched**] her in the office.

"looked at" の場合は、「彼女が彼のほうを向くだろうと期待して、少しの間見た」といったニュアンスがあります。"watched" は「彼女が電話で話をしたり、髪をかきあげたりする行為を見ていた」といったニュアンスがあります。

ニュアンスの違いを、"see" も含めて次の例文でさらに確認してみましょう。

▶ 1) ぼくは君が公園でサッカーをしているのを見た。
　➡ I **saw** you playing soccer in the park.
▶ 2) ぼくは君が公園でサッカーをしているのを見 [てい] た。
　➡ I **looked at** [**watched**] you playing soccer in the park.

1) は「ぼくが自転車で公園の側を通ったとき、君がサッカーをしているのが見えた」といった状況です。2) は最初の例文と同じですが、"watched" は「少なくともしばらくの間、ぼくは観客として君がサッカーをするのを見ていた」が含意されています。

なお、〈look at A do [doing]〉「Aが〜する [している] のを見る」は英国では文法的に間違いだとする説もありますが、米国ではふつうに用いられているものです。

024　「忘れる」は "forget" か "leave" か

☑ 「忘れた場所」を伴う場合には、ふつう **"leave"** を使います。

あらら、バッグを家に忘れてきてしまったわ。
Dear me! I've **left** my bag **at home**.

「物を（置き）忘れる」と言う場合には、"leave" も "forget" も使うことができますが、**場所が伴う場合には "leave" を使うのがふつう**です。

▶ あらら、バッグを家に忘れてきてしまったわ。
　➡ Dear me! I've **left**［? forgotten］my bag **at home**.

▶ あらら、バッグを忘れてきてしまったわ。
　➡ Dear me! I've **forgotten** my bag.

"forget" は単に「忘れる」ことを、"leave" は一定の場所に「置き忘れる」ことを表す場合に使われる傾向があります。

同じように、意味の似た動詞でも、使い方の微妙な違いがあるものは他にもあります。

▶ 私はふつう7時に朝食をとります。
　➡ 1) I usually **have** breakfast at seven.
　➡ 2) I usually **eat** breakfast at seven.
　? 3) I usually **take** breakfast at seven.

「食べる」の意味では、3) のような言い方は口語では old-fashioned になっていて、今では1) のように言うのがふつうです。"eat" は食べる行為が想像され露骨過ぎるからでしょうか、イギリスではあまり頻繁には使われません。しかし、アメリカではふつうに使われます。

次のように「飲み物をのむ」場合には "take" も使われます。

▶ 私たちは3時ごろいつもコーヒーを1杯のみます。
　➡ We always **take**［**have**］**a cup of coffee** around three.
　☞「のむ」の表現法については **028** 項も参照

025 「始まる・始める」は "begin" か "start" か

☑ 相互に交換できる場合が多いですが、例外もあります

夏休みは7月23日から**始まる**。
The summer vacation will **begin** [**start**] on July 23rd.

"begin" と "start" は多くの場合、相互に交換して使うことができます。

▶ 夏休みは7月23日から始まる。

　➡ The summer vacation will **begin** [**start**] on July 23rd.

　ただし、次の 1) 2) ような場合には "start" を使い、3) 4) のような場合には "begin" よりも "start" のほうが好まれます。

○ start × begin { 1) 動き出すとき
　　　　　　　　 { 2) 旅行などを始めるとき (目的語をもたない)

　start > begin { 3) 驚きや苛立ちを表すとき
　　　　　　　　 { 4) 何かが突然起こるとき

▶ 1) バスはなかなか動き出そうとしなかった。

　➡ The bus wouldn't **start**.　　☞この wouldn't については092項を参照

▶ 2) いつ (旅行に) 出かけようか？

　➡ When shall we **start**?

▶ 3) 彼女がタバコをのみ始めたと聞いて驚いた。

　➡ I was surprised to hear that she **started** smoking.

▶ 4) 猫は突然部屋の中を走り回り始めた。

　➡ The cat suddenly **started** running around the room.

　"start" は後に〈-ing 形〉(動名詞) が来ても〈to 不定詞〉が来てもかまいませんが、"begin" の場合には〈to 不定詞〉の頻度がかなり高くなります (☞ニュアンスの違いについては132項を参照)。

▶ 山の雪が溶け始めた。

　➡ The snow on the mountains has **begun** to melt .

　➡ The snow on the mountains has **started** to melt / melting .

026 "take"と"bring"はどう使い分けるか

☑ 基本的には **"go"** と **"come"** の違いに似ています。

彼はそれを**そこへもって行った**［**ここへもって来た**］。
He **took** it **there** [**brought** it **here**].

話し手を基準にして、**相手のほうに人・ものをもって行く場合には**
"take" を、**相手が話し手のほうにもって来る場合には "bring"** を使い
ます。したがって動作の方向だけで言えば、〈take : bring ＝ go : come〉
が成り立ちます。

▶ 彼はそれをそこへもって行った。
　➡ He **took** [×brought] it **there**.
▶ 彼はそれをここへもって来た。
　➡ He **brought** [×took] it **here**.
▶ 明日おまえたちを動物園に連れて行ってあげよう。
　➡ I'll **take** [×bring] you **to the zoo** tomorrow.
▶ 明日書類をおもちいたします。
　➡ I'll **bring** [×take] the papers **to you** tomorrow.
▶ この番組はZ社がお送りしました。
　➡ This program has **been brought** [×taken] **to you** by Z Corporation.

最後の2つの文では相手を基準にして、相手のところに「もって来る」
ということです。これは "I'm coming (to you)." 「いま行きます」と同じ
考え方です。
　それでは次の例ではなぜ、両方とも使えるのでしょう？

▶ フェリーに乗って彼らは水族館に着いた。
　➡ A ferryboat **brought** [**took**] them **to the aquarium**.

"ferryboat" は乗客を**出発点から到着点までを運ぶ動き**を含んでいま
す。したがって、上の文のような過去時制では、話し手は出発点・到着
点のどちらに基準をおいても、"ferryboat" が彼らを運んだ動きを眺め
ることができるのです。

027 「選ぶ」はどの動詞を選ぶ？

☑ **"select"**, **"choose"**, **"elect"** などがありますが文脈が肝心です。

> 彼女は熟れたアボカドを**選り分けて**、他はわきによけた。
> She **selected** the ripest avocadoes and threw aside the others.

　選ぶ理由をよく考えたり、吟味したりして（いちばん良いものを）選んだりする場合には "select" が適切です。

　"choose" は "select" と違って、「それほど吟味したりしないで、複数のものの中から、欲しいものを選ぶ」といった感じです。ある行為をすることを選ぶ場合（あとに to do が続く）にも choose を使います。

▶ 彼女は熟れたアボカドを選り分けて、他はわきによけた。
　➡ She **selected** the ripest avocadoes and threw aside the others.
▶ 私は図書館で何冊かの本を適当に選んだ。
　➡ I **chose** [× selected] some books at random in the library.
▶ 私たちは電車ではなくてバスで行くことにした。
　➡ We **chose** [× selected] to go by bus instead of by train.
　　☞ to go 以下が chose の目的語

　"elect" は「何かの役目をしてもらう人を選ぶ」という意味です。名詞形の "election" が「投票」の意味で用いられることからもわかるとおり、投票で選ぶ場合が多いです。「～を…に選ぶ」という構文にも注意してください。この場合、役職や身分を表す名詞が無冠詞になります。

▶ 彼女たちはユキをチームのキャプテンに選んだ。
　➡ They **elected** Yuki captain of their team.
▶ アメリカでは4年ごとに大統領を選ぶ。
　➡ In the United States, the people **elect** a President every four years.

　なお、"pick out" というイディオム（句動詞）も、「他のものより好きなものを選ぶ」という意味で使います。

▶ どちらのバッグもすてきだったが、彼女は赤いのを選んだ。
　➡ Both bags were nice, but she **picked out** the red one.

「のむ」は英語ではどう使い分けるか

✓ 「固唾をのむ」に "drink spit" は日本語の直訳です。

彼女は固唾をのんで状況を見守った。
She **held her breath** and followed the situation.

『広辞苑』によれば、「固唾」とは「緊張して息をこらす時などに口中にたまる唾」とあります。もちろん、これから「固唾をのむ」を "drink spit" と訳す人はいないでしょうが、案外同じような考え方をして気づかない場合もあるのです。("hold one's breath" が正解です)

これ以外にも日本語の「のむ」は次のように英語のさまざまな動詞をカバーしています。

▶ 音をたてないでスープをのみなさい。
　⇒ **Eat** your soup without making any noise.
▶ この薬をのめば、気分がよくなるわよ。
　⇒ If you **take** this medicine , you'll feel better.
▶ 私は彼の提案をのんだ。[受け入れた]
　⇒ I **accepted** his offer .
▶ 彼は会場の雰囲気にのまれてしまった。[圧倒された]
　⇒ He **was overwhelmed** by the atmosphere of the hall .

"drink" は「**液体をのむ**」ことにだけ使われます。カップなどからスープをのむときには、"drink soup" と言えますが、それ以外では "eat soup" と言います。お皿からスプーンですくってのむスープは「食べる」感覚に近いのでしょう。

液体をのむときにも次のような使い分けがあります。

▶ 彼女はジョッキ１杯のビールを一気にのんだ。
　⇒ She **gulped down** a mug of beer.
▶ 父は台所でひとりで酒をちびちびのんでいた。
　⇒ Our father **was sipping** sake alone in the kitchen.
▶ 彼はウイスキーをしこたまのんだ。
　⇒ He **consumed** a great deal of whisky.

029 英語で「借りる」ことができないものは？

☑ 「借りる」は **"borrow"** 以外にもいろいろありますが…

おトイレ［電話］を拝借できますか。
May I **use your bathroom** [telephone]？

「借りる」を英語になおす場合、何を借りるかによって動詞を使い分けます。"borrow" は**「（返すことを前提にして）他人のものを一時的に自分のものにする」**ことですから、トイレや家庭電話を "borrow" することはできません。この場合には "use" を使います。 しかし、今は携帯電話が主流ですので、その場合は "borrow" が使えますね。

▶ 私は図書館から数冊の本を借りた。
  ➡ I **borrowed** some books from the library.
▶ おトイレ［電話］を拝借できますか。
  ➡ May I **use** your bathroom [telephone]？
▶ ちょっとケータイかしてくれない？
  ➡ Can I **borrow** [use] your cellphone for a while?

借りっぱなしの場合でも "borrow" は使えます。

▶ 英語はギリシャ語やラテン語から多くの言葉を借りてきた。
  ➡ English has **borrowed** a lot of words from Greek and Latin.

"rent" は、**お金を出して土地・家などを借りる場合にも貸す場合にも**使います。金額は "for 〜" で表します（☞この for については 049 項を参照）。

▶ 私は月8万円で部屋を借りている。
  ➡ I **rent** my room for 80,000 yen a month.
▶ 彼女は彼らにその家を貸した。
  ➡ She **rented** them the house .

お金の場合には、利子の有無に関わらず "borrow" を使います。

▶ 私は彼女から借りたお金を返さなくてはならない。
  ➡ I have to pay back the money I **borrowed** from her.

「おいしそうだ」はどのように言うのか

☑️ 「〜そうだ」は、その印象を受ける状況よって用いる動詞が変わります。

これおいし**そうだ**ね。
This **looks** good. または This **sounds** good.

「〜そうだ、〜ようだ」は印象を表す便利な日本語ですが、英語では状況や文脈によって以下のような使い分けがあり、一筋縄ではいきません。

目の前にある料理を見て、「これおいしそうだね」と言う場合には、**視覚的な印象**を表す"look"を使います。メニューの料理名 (それを言葉に出さなくても) を見て言う場合には、**聴覚的な印象**を表す"sound"を使います。

➡ This **looks** good.　[目の前の料理を見て]
➡ This **sounds** good. [メニューの料理名を見て]

"appear"や"seem"も"look"とよく似た意味を表しますが、"seem"は**主観的な印象**を表し、真実性・可能性のありそうな事柄について使います。"appear"は**表面的な印象**を表し、"look"と"seem"の中間のニュアンスがあります。"look"は**やや口語的**です。

次の「彼女は疲れているようだ」を表す英文も動詞によってそれぞれ少しずつニュアンスが違うのです。

➡ She **looks** / **appears** / **seems** tired.
　彼女は疲れている｜みたいだ。
　　　　　　　　　｜ように見える。
　　　　　　　　　｜ように思われる。

電話などで**相手の話や声を聞いて**、その印象を表す場合には"sound"を使います。

▶ それは面白そうだね。
　➡ Well, that **sounds** interesting.
▶ 彼女 (の声・話) は幸せそうだったよ。
　➡ She **sounded** happy.

Technique

031　個人スポーツをする場合はどう言えばよいか

☑ 次のように、そのスポーツを動詞として使います

彼女はほとんど毎週**ボーリングをする。**
She **goes bowling** [She **bowls**] almost every week.

　スポーツに関して「～をする」を英語になおす場合に、条件反射的に、"play～"とする人がいます。これは"play tennis/baseball/soccer"などからの連想でしょう。それらの団体スポーツをする場合には、"play"を使いますが、「ボーリング」などの**個人のスポーツで単独の動詞がある場合**、"play bowling"とは言わないで、単に動詞として"bowl"を使うか"go bowling"(このほうがふつう)と〈go -ing〉の形にして使います。
　同じようなスポーツの例をあげましょう。

▶ 私たちは今朝あの斜面をスキーで滑った。
　➡ We **skied** [× played ski(ing)] that slope this morning.
▶ 子供たちはスケートがとても上手だ。たった今スケートに出かけた。
　➡ The children can **skate** very well. They've **gone skating**.
▶ ボブとはボクシングをしたくない。
　➡ I don't want to **box** against Bob.

　上のスポーツをする人はそれぞれ、"bowler", "skier", "skater", "boxer"と呼びます。なお、団体スポーツをすることを英語で言う場合は、主語にも注意が必要です。

▶ 明日サッカーをするつもりだ。
　➡ **We** [×I] **will** play **football** [**soccer**] tomorrow.

　サッカーとか野球などの団体スポーツは、当然ながら一人ではできません。したがって、"I"を主語にしては英語では言えないことになります。ところが、次のように「**予定**」を言う場合には"I"が使えます。(☞ "will"と"be going to"の使い分けについては155項を参照)

▶ 明日サッカーをする予定だ。
　➡ **I am going to** play football [soccer] tomorrow.

「溺れる」に "drown" と言えるか

☑ 日英で意図するところが微妙に異なる動詞があります。

その子は川で**溺れた**が、トムに助けられた。
The child **was almost drowned**, but was saved by Tom.

日本語では「溺れる」は必ずしも「死ぬ」ことを意味しないようです。それは「その子は川で溺れて、死んだ」というふうに「溺れる」と「死ぬ」を並列して言うことからもわかります。

「溺死する」という言葉も、「溺れて、その結果死ぬ」ということですから、同じように並列している感じがします。

しかし英語では "drown" あるいは "be drowned" は "die by being unable to breathe under water"（水中で息ができなくて死ぬ）という意味です。ですから、「その子は川で溺れたが、トムに助けられた」を英語になおすと次のようになります。

➡ The child **was almost drowned**, but was saved by Tom.

"was almost drowned"「ほとんど溺れた→溺れかけた」であれば、まだ死んでいないために "was saved"「助けられた」と言えるわけです。このような例をもう１つあげてみましょう。

▶ 私はそこに行くように彼女を説得したが、無駄だった。
　➡ I **tried to persuade her** to go there, but in vain.
　× I *persuaded* her to go there, but in vain.

「説得する」には「溺れる」と同じように、その結果がどうなったかまでは含まれていませんが、"persuade" は「**（その結果、相手を）納得させて〜させる**」までの意味が含まれています。ですから "persuaded" と言った後に、"but in vain" というのは矛盾していることになります。

また、電話をかける場合の "call" も注意が必要です。

"I **called** her yesterday." はふつう**電話が通じて相手と話をした**ことを意味しますので、独立した文で "I called her yesterday. She wasn't in." とするのは不自然です。"I called her yesterday, **but** she wasn't in." とすればOKです。

Technique

033 「許す」は "allow" か "permit" か

☑ きちんと使い分ける必要がある場合が多いです。

子どもたちはイヌを教室に入れて**あげた**。
The children **allowed** [× **permitted**] the dog to go into the classroom.

「…が〜するのを許す」は〈allow/permit ＋ 人 ＋ to do〉の形を取りますが、意味・ニュアンスには違いがあります。

▶ 父は彼女が一人でヨーロッパに行くことを許してくれた。
➡ 1) Her father **allowed** her to go to Europe alone.
➡ 2) Her father **permitted** her to go to Europe alone.

"allow" は人が何かをすることを妨げないという意味での「許す」ということで、**消極的な許可**の意味です。"prevent" が反意語です。"permit" は権限のある人が**積極的に許可を与える**意味です。"forbid" が反意語です。

1) では、ようやく何とか許してくれたといった感じです。この意味では "let" のほうがより口語的です。ただし、let her go ...の形をとります。

2) では、彼女の家では父親が権限のある存在（これは今では希少ですが）であることがうかがえ、積極的に許可してくれた感じです。

使い分けの例をいくつかあげておきます。

▶ 先生が許可しないのに、子どもたちはイヌを教室に入れてあげた。
➡ The children **allowed** [× permitted] the dog to go into the classroom though the teacher didn't **permit** [allow] it.
▶ その俳優は自分の名前を使うことを許してくれた。
➡ The actor **permitted** [**allowed**] her name to be used.

最初の文では、イヌに許可を与えるというのはおかしいので、permittedは使えません。また、先生は権限をもった人ですからpermitを使うほうが適切です。2番目の文ではどちらも使えますが、allowedとすれば、「黙認しておいた」というニュアンスになります。

Technique

034 "Do you know her?"ときかれたら答え方に注意

☑ 知っている程度によって、答え方が異なりますから注意が必要です。

「彼女を知っていますか」「はい、名前は知っています」
"Do you know her?" **"Yes, by name.**"

私たちはよく「あのタレントを知っているわ」などと言います。この場合の「知っている」は、あなたがそのタレントの親戚や友だちででもない限りは、「その名前・顔を知っている」、つまり「間接的に知っている」ということです。英語ではこのあたりの区別をしっかりつけて言います。

1) I **know her**.   彼女を<u>直接的</u>に知っている。
2) I **know of her**.   彼女を<u>間接的</u>に知っている。

1) では"know"は他動詞、"her"がその対象として目的語になっているので「彼女自体（人物）を知っている」ことになります。

2) では"know"は自動詞、"of"はここでは「～に関して」の意味で、**「彼女の周辺的な知識（例えば、噂など）を知っている」**ということです。"know"と"her"の間に"of"がある分だけ間接的と言えます。（☞この"of"の用法については048項を、自動詞と他動詞の違いについては054項を参照）

こうしてみると、"Do you know her?"に対して、いろいろな答え方があることがわかります。

▶「ええ、個人的に知っていますよ。親友のひとりです」
  ➡ "Yes, **personally**. She's one of my best friends."
▶「顔は知っています」
  ➡ "Yes, **by sight**."
▶「名前は知っています」
  ➡ Yes, **by name**."

また、次のような答え方も可能になります。

▶「もちろん彼女については（名前や顔は）知っているが、本人自身は知らない」
  ➡ "I **know of her**, of course; but I **don't know her**."

035 「小学校を卒業する」はどう言うか

☑ イギリスでは "**graduate**" は使いません。

> 妹は来春小学校を**卒業します**。
> My sister will **finish**［**leave** / **graduate from**］elementary school next spring.

　イギリスでは "graduate" は「(大学で) 学位を授与される」、「(大学を) 卒業する」の意味で使われます。しかし、アメリカでは高校・中学さらには小学校を卒業する場合でも、"graduate" を (from とともに) 使います。これは乱用だと嘆いているイギリスの識者もいます。

▶ 妹は来春小学校を卒業します。

　⇒ My sister will **finish**［**leave** / **graduate from**］elementary school next spring.

　"finish" を使っておけばどの**英語圏**でも**無難**と言えるかもしれません。一方、"leave" には「中途退学をする」意味もありますので、使う文脈に気をつける必要があるでしょう。

　ここでは動詞を例にとってイギリス英語とアメリカ英語の違いにふれてみました。ほかにも、綴り・発音・語法・用語など細かい違いがたくさんあります。私たち日本人がこれらの違いを比較・研究することは必要ないでしょうが、2つの英語の主な違いは知っておいたほうがいいと思います。

　英語は確かに最も主要な国際語の1つですが、イギリス英語とアメリカ英語以外にも、いくつもの "Englishes" があります。オーストラリア英語、南アフリカで話される "Ebonics"、カリブ海諸国で話される英語、インドで話されている英語、"Singlish" と呼ばれるシンガポールで話されている英語など枚挙に暇がありません。(ちなみに、「枚挙に暇がない」は英語では "be too numerous to mention" などと言います)

　"Japanglish" と呼ばれる、いわゆる和製英語もありますが、これは日常生活で話されている上記の英語とは質を異にしています。

036 使える面白表現（1）：情報をさぐるには

✓ 「嗅ぎ出す」ので **"nose"** を使ってください。

警察はどうにかこうにか、**その情報を嗅ぎ出した。**
The police managed to **nose out the information**.

体の部位を表す名詞のほとんどは動詞としても使えます。また、その意味は名詞の意味と連動しているので類推しやすいのがふつうです。

▶ 警察はどうにかこうにか、その情報を嗅ぎ出した。

⇒ The police managed to **nose out** the information.

このように、"nose" は動詞として使う場合、つねに副詞または前置詞を伴います。

- **nose about** [**around**] (for ～)「(～を) 嗅ぎ [探し] 回る」
- **nose into**「～に注意深く入る」
- **nose out** 「～を嗅ぎ [探し] 出す」

次の例文では、さながら動物が鼻先を突き出しながらそろりそろりと用心して進むニュアンスがよく出ている表現です。

▶ 船は霧の中を用心しながら神戸港に入った。

⇒ The boat **nosed into** the Port of Kobe through the fog.

▶ 少年たちはブッシュさんの裏庭で何かを探し回っていた。

⇒ The boys were **nosing around for** something in the backyard of Mr. Bush.

 「鼻の差」

「鼻の差で負ける」は "lose **by a nose**" と名詞を使って表しますが、次のように動詞でも表すことができます。

メインレースはサタディーサイレンスが鼻の差で負けた。
Saturday Silence **was nosed out** in the main race.

48

Technique

037 使える面白表現 (2)：話をまとめるには

☑ 釘を打つ **"hammer"** が「(話を) まとめる」場合にも使えます。

彼らは**苦心してその話をまとめた。**
They **hammered out the argument** until everyone agreed.

"hammer"「ハンマー」(金づち) は日本の家庭でも物置小屋や道具箱の中にしまわれています。"hammer" を使って**行う動作は、当然のことながら、「鎚で (釘などを) 打ち込む、打ちつける」**ことになります。

▶ 作業員たちは木製のくいを地中に打ち込んだ。

➡ The workers **hammered wooden pegs** into the ground.

"hammer" で金属をたたいて、いろいろな道具を鋳造したり、工芸品を修飾したりすることもあります。その意味が比喩的に拡張されると、**「骨を折って作り上げる、まとめる」**などを表す動詞として使われます。

▶ 彼らは苦心してその話をまとめた。

➡ They **hammered out** the argument until everyone agreed.

"hammer" は他にもさまざまなものを**「強く打つ、打ち出す」**ことに用いられます。

▶ 松井選手は目の覚めるような満塁ホームランをたたき出した。

➡ Matsui **hammered out a stunning grand slam**.

More 「警鐘を打ち鳴らす」

"hammer" はドラや半鐘を打ち鳴らして、危険などを知らせるときにも用いられます。

♪もし私がハンマーをもっているなら、警鐘を打ち鳴らすのだが。♪
♪ If I had a hammer, I'd **hammer out** a warning. ♪

フォーク歌手 Pete Seeger の歌の一節です。

038 　使える面白表現（3）：「釘付け」するから"nail"？

☑ 「釘」「つめ」の "**nail**" はいろんな「固定する」場面で使えます。

> 彼らは恐怖でその場**に釘付けになった。**
> Fear **nailed** them **to** the spot.

　前項で "hammer" が出てきましたので、"nail" も見ておきましょう。名詞としては「釘」「つめ」の意味です。もちろん動詞として使う場合は「釘を打つ、釘で留める」ですが、これだけでは面白くありません。

　「釘を打つ、釘で留める」が拡張されれば、「**（ある場所・位置に）固定する、動かなくする**」となります。

▶ 彼は恐怖でその場に釘付けになった。
　⇒ Fear **nailed** him **to** the spot.

　口語で「**取り押さえる、捕まえる**」という場合にも使います。

▶ 警察は強盗を捕まえそこなった。
　⇒ The police failed to **nail the robber**.

　"**nail A down to B**" というイディオムは「A（人）をB（物・事）に釘付けにする」ということから、「**A（人）にB（物・事）をはっきり言わせる**」という意味でも使われます。つまり、Aは自分が言ったBに釘付けにされて、それを翻す（ひるがえ）ことはできない、というわけです。

▶ 彼女から確かな答えを引き出すのはとても無理だ。
　⇒ You can't **nail her down to a clear answer**.

More「はっきりと特定する」

"nail down" は「（未知・不確実なものを）はっきりと特定する」という意味もあります。

> きみの緊張の原因を特定できれば助かるのだがね。
> It would be useful if you could **nail down** the source of your stress.

第3章
前置詞は発想の違いがポイント

私たち日本人が英語を習うときにもっともやっかいな項目の一つは前置詞です。次の例を見てください。

彼女はパリにドレスを注文した。

➡ She ordered some dresses **from** (× **to**) Paris.

私たちの学校は8時半から[に]始まります。

➡ Our school begins **at** (× **from**) eight thirty.

　最初の文では「〜に」は条件反射的に"to"としてしまいがちですが、その反対の"from"を使います。また2番目の文では日本語では「から」「に」のどちらも可能なのに、英語では"from"ではなくて"at"が正しい用法です。

　この章ではこうした例を含めて、日本語の助詞との違いを見ていくことにしましょう。

✅ 「〜から」に **"against"** や **"off"** を使う場合があります。

> ベッカム、川口**から**鮮烈なゴールを奪う！
> Beckham got a stunning goal **against** Kawaguchi!

　「〜から」と聞くとたいての人は "from 〜" を思い浮かべることと思われますが、文脈によっては "from" では間に合わない場合が意外とたくさんあります。

　サッカーのゴールの場合には、ご存知のようにゴールマウスには、相手の選手が得点するのを防ぐためにゴールキーパーが守っています。**それに対抗して (against)** ボールをゴールネット内に入れることによってgoal (得点) することができると考えるのです。したがって、"get a goal against the goalie" と言います。ちなみに、"goalie" は "goalkeeper" のくだけた言い方です。

▶ ベッカム、川口から鮮烈なゴールを奪う！
　➡ Beckham got a stunning goal **against** Kawaguchi!

　また、「〜からホームラン・ヒットを打つ」という場合にも "from" は使えません。**"off"** を使います。また、**"against"** を使うこともできます。

▶ イチローは松坂から2本の二塁打を打った。
　➡ Ichiro hit two doubles **against** [**off**] Dice-K.
　　☞ Dice-K は米メジャーリーグにおける松坂のニックネーム

反対に、

　The Yankees got home runs **from** Jeter, Giambi and Matsui.

と言えば、「ヤンキースはジーター、ジアンビー、松井 (ともにヤンキースの選手) がホームランを打った」となります。

　"off" は「〜から奪う」、**"from"** は「〜からもらう」という感じで使い分けられています。

040 「〜から」に "from 〜" を使わない場合とは (2)

☑ 「〜から」を **"at"**, **"in"**, **"on"**, **"with"** などで表すことがあります。

> 私たちの学校は8時半**から**始まる。
> Our school begins **at** eight-thirty.

"begin" という動詞は単に、「始まる」「始める」といった**瞬間的な動作**を表すものです。したがって、「ある時から始まる・始める」という場合、次のように使い分けられます。

- 「**時の一時点**」ならば ➡ at
- 「**日**」ならば ➡ on
- 「**月、季節、年**」ならば ➡ in

いずれも、「出発点」を表す "from" は用いません。

▶ 日本では4月に [から] 学校が始まる。
  ➡ School begins **in** April in Japan.
▶ その会議は9月8日に [から] 始まった。
  ➡ The conference began **on** the 8th of September.

日本文からおわかりかと思いますが、「から」は「に」と置きかえても文意は変わりません。ですから、こうした場合には "from" は使えないと覚えておくといいでしょう。

上の例は「時」に関するものでしたが、「場所」や「事柄」に関する場合も、"begin from 〜" は現在では用いられないようです。

▶ 私たちのツアーは美術館から [で] 始まり駅で終わった。
  ➡ Our tour began **at** the museum and ended at the station.
▶ 今日は教科書の43ページから [を起点にして] 始めましょう。
  ➡ Let's begin **at** page forty-three of the textbook today.
▶ コンサートはモーツァルトの曲から [とともに] 始まった。
  ➡ The concert began **with** a piece from Mozart.
▶ 科学者は用語を定義することから [によって] 始めた。
  ➡ The scientist began **by** defining the terms.

041 "from 〜"が「〜から」にならない場合とは

☑ 意味的にはそうでも、「〜から」と訳すとおかしくなる場合があります。

My sister ordered some books **from** London.
姉は数冊の本をロンドン**に**注文した。

前、前々項とは逆に、英語の "from 〜" が日本語で「〜から」となら
ない例がいくつもあります。

"order A from B" の場合、「Aを（それが存在する）Bから届けてもら
うように頼む」といえば納得がいくのですが、ふつうは「AをBに注文
する」と言うので、"from 〜" は必ずしも「〜から」にならないのです。

この同じような "from" は、動詞との組み合わせにより、「**出所・起源**」
のほか「**原因**」や「**区別**」などを表す場合もあります。

▶ 彼女は札幌の出身です。[出所・起源]
  ➡ She **comes from** Sapporo.
▶ 私たちは長く歩いたので疲れてしまった。[原因]
  ➡ We **got very tired from** the long walk.
▶ あなたはもう大きいから、ものの良し悪しの区別がつくでしょ。[区別]
  ➡ You are old enough to **tell** right **from** wrong, aren't you?

また、「隔たり・不在・休止」などを表す場合にも、もともとは「〜か
ら」の意味が含まれてはいますが、英文を訳す場合、そのまま「〜から」
としたのではやはりぎこちなくなります。

▶ 彼はわざと何日も学校を休んだ。
  ➡ He **stayed away from** school for several days.
  ➡ He **stayed home from** school for several days.
  ？（直訳）彼はわざと何日も学校から離れていた。
▶ 幸いにも、子どもは病気が治りました［回復しました］。
  ➡ Fortunately, our child has **recovered from** her illness.
    ☞日本語で「病気から回復した」とは言えるが、やはりぎこちない

☑ **前置詞を2つ重ねます。**

> 日本の**内外から**多くの観光客がこの寺を訪れます
> A lot of tourists **from inside** and **from outside** Japan visit this temple.

　前置詞はご存知のように、その後にふつうは名詞またはそれに準じるものが続きます（これを「前置詞の目的語」と呼びます）が、

「前置詞＋前置詞＋目的語」

の形をとる場合があります。

on to the table	テーブルの上へ　（☞ "onto" と1語でも使う）
from under the table	テーブルの下から
from behind the curtain	カーテンの後ろから
from among the crowd	群衆の中から
from across the street	通りの向こう側から
cf. **across from** the street	通りの真向かいに（☞このacrossは副詞）
since before the war	戦前からずっと
since after the war	戦後このかた
until after midnight	夜半すぎまで

　こうした表現は日本語にそのまま訳せるので違和感なく理解し、また使うことができそうです。

　これとは別に、他の語と組み合わさって2語以上で1つの前置詞の役割を果たすものがあり、いずれもよく用いられます。

because of / on account of / owing to	〜のために
in spite of	〜にもかかわらず
in addition to	〜の上さらに
in terms of	〜の観点から
according to	〜によれば
at the end of	〜の終わりに
as for	〜に関しては

043 「～にいる」で使う前置詞は何か

☑ 「に」の前の「空間の種類」によって前置詞が決まります。

ジョンは家にいる。 ➡ John is **in** the house.
ジョンは2階にいる。 ➡ John is **on** the second floor.

　日本語では、人がある場所にいることを表す場合、その場所がどこであれ、「(場所＋)にいる」と言えばすみます。助詞の「に」と動詞の「いる」はセットになっています。ところが、**英語では場所の種類によって前置詞が異なります。**

　家のように三次元の空間、つまり**容器としてとらえられるものには"in"**を使います。

▶ ジョンは家にいる。
　➡ John is **in** the house 　　　　[the house＝容器]

　ただし、"at home"のような慣用的な表現も例外としてあります。
　床のように二次元的な空間、つまり**平面としてとらえているものには"on"**を、駅のように**地点を表す場合には"at"**を使います。

▶ ジョンは2階にいる。
　➡ John is **on** the second floor. 　[the floor＝平面]
▶ ジョンは駅にいる。
　➡ John is **at** the station. 　　　　[the station＝地点]

　英語ではこのように**空間の種類を意識して、前置詞によってそれらを区別する**のですが、日本語では一律に「に」で処理できるために日本人が英語を学ぶときに困難を感じるのでしょう。
　なお、この問題については、『句動詞の底力』『続・句動詞の底力』(クリストファ・バーナード著、プレイス刊)にくわしく述べられていますので、興味のある人はぜひ一読されることをおすすめします。

044 「〜の上に」をいつも "on 〜" と言うと、どうなるか

☑ それはとてもアブナイ考え方です。

私が**上に**寝ましょう。［寝台車のコンパートメントで］
I'll sleep **above** [× **on** / × **over**] you.

　寝台車の中で、日本人の男性が英語を話す外国人女性と同じコンパートメントになりました。女性のベッドが上だったので、男性は親切心から自分の下のベッドと代わってあげようと思って、「私が上に寝ましょう」と英語で言おうとしました。
　次のどれが正しい言い方でしょうか？

1) I'll sleep **on** you.
2) I'll sleep **over** you.
3) I'll sleep **above** you.

　もし、彼が1）と言ったならば、女性から即座にビンタを喰らったことでしょう。最悪の場合には車掌に突き出されたかもしれません。前置詞 **"on"** は「接触」を表し、この場合は男性が女性の体の上に接触して寝ることになってしまいます。
　2）の場合も彼女はほぼ同じようなリアクションを示すでしょう。なぜなら "over" も「接触」を表すことがあり、あるいは少なくとも「**すぐ上に覆い被さる**」感じを与えます。

▶ 私は目にハンカチをかぶせた。
　⇒ I put a handkerchief **over** my eyes.
▶ 私たちの頭の上にはテントがあった。
　⇒ We had a tent **over** our heads.

　3）が正解です。"above" は "on" や "over" とは違い、「接触」の意味はなく、必ずしも「真上」ではない、「**上方**」を表す前置詞です。

▶ 少年は頭上の青空を見上げていた。
　⇒ The boy was looking up at the blue sky **above** him.

045 "on"はいつでも「～の上に」か

☑ いいえ、「接触」が意識されれば、横にも下にも近くにも使えます。

川沿いに [川に面して] 村があります。
There is a village **on the river**.

前項で"on"は「接触」を表すことを述べましたが、接触面は「床の上」
や「テーブルの上」のように水平な上面だけとは限りません。壁のよう
な**側面**や、天井のような**下面に接触している場合にも**使うのです。

▶ 壁にかかっている絵を見てごらん。
　➡ Look at the picture **on the wall**.
▶ 天井にハエがとまっている。
　➡ There's a fly **on the ceiling**.

したがって、on＝「～の上に」とだけインプットされていると、"on
the wall"や"on the ceiling"がなかなか出てこないでしょう。

また、「接触」の意味から、onは場所的に**「～の近くに、～に面して、
～沿いに」**を表すことがあります。

▶ 川沿いに村があります。
　➡ There is a village **on** the river.
▶ 埼玉は東京の北にあります。
　➡ Saitama is **on** the north of Tokyo.

"a village on the river"は「浮島」などから、「川の上に浮かんでいる
村」、あるいは「川上の村」を連想するかもしれませんが、そうではなく
て「川沿いの村」の意味になります。同じ意味を"by the river"とも言え
ますが、これは単に「川の近く」を表わすのに対して、"on the river"は
「川に面している」点を強調しています。

2番目の文で、群馬県の場合は東京に「接触」していませんから、"to"
を用いて次のように言います。

▶ 群馬は東京の北（の方）にあります。
　➡ Gunma is **to** the north of Tokyo.

"of" はいつでも「〜の」か

☑ 「目的語関係」を表す **"of"** の用法も使えるようにすべきです。

彼女は子どもたちが自慢です [**を**誇りに思っています]。
She is proud **of** her children.

前置詞〈of 〜〉は英語を勉強し始めたころから、所有・所属を表す「〜の」という刷り込みがあって、それ以外の多くの用法をうまく使えないきらいがあります。次のような「目的語関係」を表す"of"を正確に使えるようにしたいものです。「〜（のこと）を・〜について」の意味になります。

▶ 彼女は子どもたちが自慢です [を誇りに思っています]。

　➡ She **is proud** of her children.

　目的語関係の"of"は上のように形容詞の後に来る場合のほかに、名詞や動詞の後にも来ます。

【形容詞の後】
▶ 彼らはその事実を知らないでいる [に気づいている]。

　➡ They **are ignorant** [**aware**] of the fact.

【名詞の後】
▶ 環境の保護は自然を愛することに通じる。

　➡ The protection of environment leads us to the love of nature.

【動詞の後】
▶ 私は彼のことはこれまで聞いたことがない。

　➡ I have never **heard** of him before.

▶ 彼女はいつも何やかや文句を言っている。

　➡ She is always **complaining** of something or other.

▶ その歌を聞くと高校時代を思い出すよ。

　➡ That song **reminds** me of my high school days.

▶ 皆様にはたえず状況をお知らせいたします。

　➡ We'll keep **informing** you of the situation.

　〈形容詞＋of〉や〈動詞＋of〉はイディオムとして確立したものがほとんどです。

Technique

047 「AからBを奪う」は「Aから」を"from A"とするのか

☑️ 「〜を」を前置詞で表すパターンを使えるようにしておきましょう。

男たちはその銀行**から**大金**を奪った**。
The men **robbed** the bank **of** a lot of money.

「物を盗る」を表す場合、"steal"と"rob"のどちらを使うか迷うところですが、まず両者は次のような用法の違いがあります。

▶ 男たちはその銀行から大金を奪った。
　⇒ 1) The men **robbed** the bank **of** a lot of money.
　⇒ 2) The men **stole** a lot of money **from** the bank.

　意味的に、"steal"は「**知らないうちにこっそりと人の物を盗む**」、"rob"は「**暴力・脅迫などによって人の物を奪う**」という使い分けがあります。

　1) の文は、男たちが銃などで武装して銀行に押し入った感じです。2) の文は、男たちが金曜日の夜にドリルを使って地下水道の壁から金庫室にたどり着いて、大金をごっそり盗んだといった絵が浮かびます。

　ここで、〈**rob＋人・場所＋of＋物**〉が「人・場所から物を奪う」という意味になるのは変な感じがしますが、英語ではよくある表現法です。つまり、**動作の直接の対象となるもの**（この場合は「奪うもの」）**を示す前に、その動作の関与者**（襲う相手〔人・もの〕）**を示している**のです。

The men robbed **the bank** **of** **a lot of money**.
　　　　①動作の関与者（襲う相手）　　②動作の直接の対象（奪うもの）

　"of"はこの場合、"of"以下のものを「奪取・剥奪・除去」することを表し、やはり同じ意味を表す特定の動詞（"rob"や"deprive"、"clean"など）に用いられます。次の例はみなさんがご存知の構文ですが、比較してみれば、"rob"のパターンも納得がいくのではないでしょうか。

▶ 彼女は彼の目をまともに見なかった。
　⇒ She didn't look ①him in ②the eye.
▶ 彼は私の袖をつかんだ。
　⇒ He caught ①me by ②the sleeve.

048 「性質」や「属性」を表すには形容詞でよいか

☑ 〈of＋抽象名詞〉という使い勝手のよい表現を覚えておくと便利です。

彼女はVIPです。
She is a person **of great importance**.

"of" は「性質・状態・属性」を表すことがあります。

▶ 彼女はVIPです。　　☞ VIP は [vip] ではなく [vìːaipíː] と発音する

➡ She is a person **of** great importance.

＝ She is a **very importan**t person.

逆に英文を直訳すれば「彼女は大きな重要性**をもった**人です」となるでしょうか。この "of" は「**性質・状態・属性**」(そういったものをもっていること) を表します。〈of＋抽象名詞〉は、上で示したように、その抽象名詞と同じ語源の形容詞と同じ意味を表すことになります。ただし "of" を用いた最初の文のほうは、改まった形式的な文体となります。

〈of＋抽象名詞〉は〈A is B〉のB (補語) としても使うことができます。

▶ この本はとても役に立つ。

➡ This is a book **of** much [**great**] **use** (＝ a very useful book).

➡ This book **is of** much [**great**] **use** (＝ is very useful). 【補語】

▶ アンジェラは15歳の少女だった。

➡ Angela was a girl **of fifteen** (＝ was fifteen years old).

▶ 私たちは同意見ですね。

➡ We **are of the same opinion**, aren't we? 【補語】

年齢などを表す場合、この "of" が省略されることがあります。

▶ 少年たちはみんな同い年だった。

➡ The boys **were** all (**of**) **the same age**.

この形は "great / much" の他、"some"、"no"、"little" などを前に付けることで簡単に程度を表せるため、使い勝手のよい表現と言えるでしょう。

of **some // no / little** use　いくらか役に立つ // 全く / あまり役に立たない

「〜（価格）で買う」はどう言うか

✓ "for" を使いますが、その意味の拡張を知っておくと応用が利きます。

> 私はこの車を200万円で買った。
> I bought this car **for** two million yen.

"for" の基本的な意味は、**1) 方向「〜に向かって」**です。この意味が拡張されて、**2) 目的「〜のために」**となります。さらに、**3) ある目的として使用「〜として（使う）」**の意味になります。

▶ 1) この列車は新潟行きです。　　　　　　　［方向］
　⇒ This train is bound **for** Niigata.
　　☞ bound for「（乗り物などが）〜行きの」

▶ 2) ちょっとドライブに行こうよ。　　　　　　［目的］
　⇒ Let's just go **for** a drive, shall we?

▶ 3) 私はこの部屋を書斎として使っている。　［使用］
　⇒ I use this room **for** a study.

　3) では、this room＝a study の関係が成り立ちます。この意味がさらに拡張されて、同じ（等価）であるならば**「交換」**することができるものとされるのです。

　次の文では、this car＝two million なので、車とお金を交換したのです。

▶ 4¹⁾ 私はこの車を200万円で買った。　　　　［交換］
　⇒ I bought this car **for** two million yen.

　当然 "sell" の場合にも同じ考えが当てはまります。また、次の 5) のように**「代理」**の意味に使われることも理解できるでしょう。

▶ 4²⁾ 彼女はそのカバンを2万円で友だちに売った。
　⇒ She sold the bag to her friend **for** twenty thousand yen.

▶ 5) 私は彼に替わってその会議に出席した。　［代理］
　⇒ I went to the meeting **for** him.
　　☞ 私は彼の役割（代理）を果たすことができた

050 「～へ」と言う場合は "for" か "to" か

☑ 「到達点」を含む場合には **"to"** を使います。

> 子どもたちは公園へ行きました。
> The children went **to** [left **for**] the park.

"to" の基本的な意味は "for" と同じく、1)「方向」ですが、"for" と違って、2)**「到達」**の概念も含みます。

▶ 子どもたちは公園へ行きました。

　⇒ The children went **to** the park.

上は何の変哲もない文です。日本文も英文もどちらも「公園に到達した」ことを含意しています。

ところが、「さっきまでいた子どもたちはどこに行ったのかしら？」「子どもたちは公園へ行きました」という文脈であれば、次のように言うはずです。

　⇒ The children left **for** the park.

　　☞ここでは便宜的に **They** の代わりに **The children** をくり返した

つまり、答えた人も子どもたちが実際に公園に着いたかどうかはわからないからです。このように日本文のほうはどちらの場合にも使えるので、英語になおす場合には要注意です。

以下の列車の例でも "to" の「到達」と "for" の「方向」が巧みに使い分けられています。

▶ 東京行きの列車に乗りたいのですが。

　⇒ I would like to take a train **for** Tokyo.

▶ 私は京都から東京行きの列車に乗ったが、名古屋で下車した。

　⇒ I took a train **for** Tokyo at Kyoto, but I got off at Nagoya.

▶ けさ東京駅行きの列車に乗って、今新宿にいます。

　⇒ I took a train **to** Tokyo Station this morning, and now I'm in Shinjuku.

微妙ですが、こうした使い分けは重要です。

Technique

051　「付帯状況のwith」は実用的か

☑ 「理由」を表すのにも使えるおとなの表現です。

あなたが側に立っていた**のでは**、うまくできない。
With you standing by me, I can't do it well.

「付帯状況のwith」は学校文法の定番ですが、使い道はご存知でしょうか。

▶ あなたが側に立っていたのでは、うまくできない。
　➡ **With** you standing by me, I can't do it well.
　　☞ with＋A＋現在分詞「Aが〜していて」

"As you are standing by me, I can't do it well." は率直な言い方で、小さな子どもでも言えますが、例文はもう少しおとなでないと使えない形でしょう。直截さを避け、簡略化された表現です。特に書きことばで、**引き締まった感じを出したい場合に使うと効果的**でしょう。

"with" の基本的な意味は**「もっている」**です。"you are standing by me" という状況を "もっている" ことが、"I can't do it well." の理由となっているのです。これが「付帯状況」と呼ばれる所以です。

さらに例文をあげておきます。Aの次に来る形に注意してください。

▶ 窓を閉め切っていたので、部屋は蒸し暑かった。
　➡ **With** the windows closed, the room was sultry.
　　☞ with＋A＋過去分詞「Aが〜されていて」

▶ 給料がこんなに安くては、私たちの生活はたいへんだ。
　➡ **With** salaries so low, our lives are very tough.
　　☞ with＋A＋形容詞「Aが〜で」

▶ クーラーを夜通しつけていたので、風邪をひいてしまった。
　➡ **With** the air-conditioner on all night, I caught a cold.
　　☞ with＋A＋副詞「Aが〜で」（このonは形容詞とも考えられる）

▶ 子どもたちは学校へ行っているので、今休暇は取れない。
　➡ **With** our children at school, I can't take my vacation now.
　　☞ with＋A＋前置詞句「Aが〜で」

なお、付帯状況については分詞構文と関連づけて137項でも扱っています。

「後に」に"after"を使わない場合があるか

☑ 「一週間後に」を "in a week" という場合があります。

一週間後に彼と会うつもりです。
I'**ll see** him **in** a week.

「〜後に」と時間を表す場合には、注意が必要です。**過去のことを表す場合には "after 〜"** という形を使います。

▶ 私は一週間後に彼に会った。
⇒ I **saw** him **after** a week.

ところが、「**現在を起点にして〜後に**」という場合には、"after a week" ではなくて "**in** a week" を使うのがふつうです。

▶ 一週間後に彼と会うつもりです。
⇒ I'**ll see** him **in** a week.

また、次の場合は "in" はしばしば省略されます。

▶ 今から一週間後に彼に会おう。
⇒ I'll see him（**in**）a week from now.

ところで、"in" はかなり大雑把な前置詞で、文脈などによっては "during"、"within" などの「時間を表す前置詞」を使っても大差のないことがあります。

▶ 彼女は5分以内に戻ってきます。
⇒ She will be back **in**［**within**］five minutes.

「〜以内」「〜中に」は "within" で表せますが、省略できる場合もあります。

▶ これを今日中に仕上げなくてはいけない。
⇒ I must finish this **today**［**within today** / × *in* today］.
▶ 商品は来週中にはお送りします。
⇒ We'll send the products **next week**［**within next week**］.

☑ 「車で」は**"in a car"**のように**"in"**も使いますが、冠詞に要注意です。

私たちは彼の車で江ノ島に行った。
We went to Enoshima **in** his car.

009項でもふれましたが、交通手段を表すには、一般には次のように「by＋無冠詞の交通機関名」がふつうの表現です。

by plane [air]　飛行機で　　by train [rail]　列車で
by car　車で　　　　　　　by bus　バスで
by boat [sea]　船で　　　　by bicycle　自転車で

このほかに"in"や"on"を用いた表現もあります。この場合には冠詞や所有格の名詞・代名詞、形容詞などがつきます。"in a car", "in my car", "in an old car"などです。

"by ～"と"in ～"のニュアンスの違いは、前者は手段として「**～を利用して**」、後者は「**～に乗って**」といった感じです。後者のほうがその乗り物 (の中) に乗っていることが**具体的にイメージされる**ため冠詞などがつくのです。

なお、「乗る」場合、"in a train"は"on a train"とも言いますが、"on a car"とは言いません。"on a train"では車内の床がイメージされますが、"on a car"と言うと「車のボンネット」がイメージされるからでしょう。

ただ、"in ～"はつねに冠詞がつくかというと、次のような表現があります。

▶ 解答は鉛筆 / インクで書きなさい。
　➡ You should write the answers **with a** pencil / **?** with ink.
　➡ You should write the answers **in** pencil / **in** ink.

"ink"は数えられない名詞なので"with/in"のどちらを用いても無冠詞ですが (実際にはwithはほとんど使われません)、"pencil"は数えられる名詞で、"with"の場合には「～を用いて」と**具体的な道具の意味**が強くなり、冠詞が要ります。一方、この"in"は「方法」を表し、意味が抽象的になるので、上の"in a car"の例とは逆に冠詞はつかなくなります。

「〜について」や「〜と」はいつも前置詞が必要か

☑ いいえ、例えば "**discuss about**" とは言いません。ただし…

> 私はその問題**について**彼女と**話をした**。
> I **discussed** the matter with her.

英語の動詞は大きく2つに分けることができます。目的語を直接とるものと、目的語の前に前置詞を必要とするものです。前者を他動詞、後者を自動詞と呼ぶことはご存知のはずです。

「その問題について彼女と話をした」は次のように、自動詞を用いても他動詞を用いても表すことができます。

➡ 1) I **talked about** the matter with her.
➡ 2) I **discussed** the matter with her.

1) の "talk" は自動詞なので目的語をとる場合には "about" という前置詞が必要です。逆に言うと、目的語なしで使うこともできます。

　　1²) I **talked** with her. (私は彼女と話をした)

ところが、2) の "discuss" は他動詞なので目的語を直接とることができます。逆に言うと、目的語なしに使うことはできません。

　　2²) ✕ I **discussed** with her.

1) と 2) の違いは、"discuss" のほうが**前置詞がない分、目的語との関係がより直接的**、つまり「その問題」ついて**より真剣な話し合い**がもたれたことを意味します。

次は他動詞を自動詞とよく間違える例です。

▶ ネコはそっと鳥に近づいた。
　➡ The cat **approached** (✕ to) the bird quietly.
▶ 彼女は昨年イタリア人と結婚した。
　➡ She **married** (✕ with) an Italian last year.
▶ 母が突然私の部屋に入ってきた。
　➡ My mother **entered** (✕ into) my room suddenly.

Technique

055 「～のように」はどのように表すか

✓ **"as"** と **"like"** の使い分けが必要です。

私は**彼女のように**その歌を歌うことはできない。
I can't sing that song **as she can**.
I can't sing that song **like her**.

"as" と "like" はどちらも「～のように」と訳すことができるために、よく混同されて使われます。まず、一般にこの意味では "as" は「接続詞」、"like" は「前置詞」として用いられます。

▶ 私は彼女のようにその歌を歌うことはできない。

→ 1) I can't sing that song **as she can**.
→ 2) I can't sing that song **like her**.

どちらの文も「ように」に対応した正しい文ですが、意味・ニュアンスの違いがあります。1) の "as" の文は比較を表している文ではありません。

(a) 私はその歌を歌うことはできない。
(b) 彼女はその歌を歌うことができる。

この2つの事実を述べているだけです。

2) の "like" の文は「私はその歌を（歌うことはできるが）彼女と同じくらい上手には歌えない」という意味です。逆にいうと、この日本語は文脈に応じてどちらの意味にも解釈できる文なのです。ですから正確を期すには、1) は「彼女とは違って、私はその歌を歌うことはできない」と訳し、2) は「私は彼女がその歌を歌うことができるほど（上手）には歌えない」と訳せばよいでしょう。

2番目の文と同じ意味を "as" を使って表せば次のようになるでしょう。

▶ 私は彼女のように（上手に）その歌を歌うことはできない。

→ I can't sing that song **as well as** she can.

最初の文で "as she can" の代わりに "like she can" と "like" を（"as" のように）接続詞として使うことが、口語英語、それもアメリカ英語でよくありますが、正式な文ではこの語法は避けたほうがよいとされています。

056 前置詞を省略してもよい場合とは

☑ 「時間」や「距離」などを表すとき前置詞を省略することがあります。

私たちは彼らを**2時間**待ちました。
We waited (**for**) **two hours** for them.

「時間」や「距離」などを表すときに用いられる前置詞がしばしば省略されることがあります。省略されても十分に意味がわかりますし、自動詞がいわば次の前置詞を併合して他動詞化したという考え方もあります。

▶ 私たちは彼らを2時間待ちました。
⇒ 1) We waited (**for**) two hours for them.
⇒ 2) We waited for them **for** two hours.

2) のように語順を変えた場合には時間を表す前置詞のforは省略しません。それは動詞との距離が離れていることが理由のようです。
さらにいくつか例をあげましょう。

▶ 何時に出発するのですか。
⇒ (**At**) What time will you start?
▶ 私たちは5マイル歩いた。
⇒ We walked (**for**) five miles.
▶ 彼は悲嘆にくれて街を歩き回った。
⇒ He walked (**around**) the streets
in sorrow.

▶ 彼はあなたと同じくらいの歳です。
⇒ He is (**of**) about your age.
▶ 覆水盆に返らず。《諺》
⇒ It's (**of**) no use crying over spilt milk.
　☞ただし、これらの "**of**" は慣用的に省略するのがふつう。「of＋名詞」が
　形容詞の働きをすることについては048項を参照

▶ 彼女は宿題をするのに忙しかった。
⇒ She busied herself (**with**) doing her homework.
　☞busy oneself (**with**) -ing「〜するのに忙しい」（この "**busy**" は動詞）

前置詞句を名詞として使う場合とは

☑ 意外にも「前置詞＋名詞」を主語にするとしっくりする場合があります。

夜はそこへひとりで出かける時間ではない。
At night is no time to go there alone.

「前置詞＋名詞」（前置詞句）は主に形容詞や副詞の働きをします。

▶ 夜の長い散歩は気持ちよかった。
　➡ The long walk **at night** was pleasant.　［形容詞］
▶ 少年たちは夜釣りに出かけた。
　➡ The boys went fishing **at night**.　　　　［副詞］

同じ"at night"が次の例では、主語すなわち名詞句として用いられて
います。

▶ 夜はそこへひとりで出かける時間ではない。
　➡ **At night** is no time to go there alone.

文脈にもよりますが、次のような日本語を表す場合、前置詞句を主語
にするとしっくりする例がよく見られます。

▶ 6時から7時の間なら私には都合がいいでしょう。
　➡ **Between six and seven** will suit me.
▶ その洞窟の中は隠れるのには都合のよい場所だった。
　➡ **In the cave** was a nice place to hide.
▶ 放課後というのは生徒たちにはすばらしい時間だった。
　➡ **After school** was a wonderful time for the students.
▶ そのソファの上がタマのお気に入りの場所である。
　➡ **On the sofa** is Tama's favorite place.

こうした言い回しはむしろ日本語のそれに近いとも感じられます。こ
のように、いわゆる学校英語では納得のいかないような語法が存在する
ということは、ことばが生き物であるということの証なのでしょう。

第4章
関係詞、使う？ 使わない？

関係詞は学校ではまるで親の仇討ちでもするかのように、先生がしゃかりきになって教えるものの一つです。確かに関係詞は英語では大事な役割を果たすものですが、それを使わず、もっと簡単に言い表すことができる場合も多くあります。

例えば、「昨日帰宅途中で会った女性は美人だった」を英語になおす場合です。

① The woman who［that］I met on my way home was pretty.
② The woman I met on my way home was pretty.

①でwhomを使うことはほとんどありません。関係代名詞のwhomが使われるのはごく限られた場合だけです。②は形の上では①の関係代名詞が「省略」されたように見えますが、実はこの形は歴史的には①の形と平行して発達した、由緒正しいものです。

この章の前半では、関係詞の働きを十分に理解した上で、それに代わる、より簡潔な表現に焦点を当て、後半では、みなさんが意外と気づいていない関係詞の便利な使い方に焦点を当てました。

☑ **"with"** を用いて簡単かつ簡潔にすますことができる場合があります。

> ♪黄色いお窓 [**黄色い窓の家**] がおいらの家よ♪
> ♪ The house **with the yellow windows** is mine. ♪

　実際の英語では、**同じ内容が表わせるなら、関係代名詞を使わないほうが簡潔でよい**とされています。

▸ ♪黄色いお窓 [黄色い窓の家] がおいらの家よ♪
　➡ 1) The house **with** the yellow windows is mine.
　➡ 2) The house the windows **of which** are yellow is mine.
　➡ 3) The house **whose** windows are yellow is mine.

　2) のように "of which" を使うと、1) と比べていかにも重い感じがします。
　3) の "whose" は先行詞が物の場合にも使える、と学校文法ではおしえていますが、実際には形式ばった表現に聞こえます。先行詞が物の場合には使ってはいけない、と言う学者もいるくらいです。
　「〜のある、〜をもっている」はだいたい "with 〜" で表すことができます。（☞ 051項も参照）

▸ 手にお人形をもっている女の子は私の孫娘だよ。
　➡ The girl **with** [who has] a doll in her hands is my granddaughter.
▸ 表紙の破れている辞書が私のだ。
　➡ The dictionary **with** a torn cover [whose cover is torn] is mine.

　最初の例文は1947年に始まったNHKのラジオドラマ『鐘の鳴る丘』の主題歌の一節です。丘の上の黄色い窓のある家が戦争孤児たちの家でした。この1年前に同じくNHKで英会話番組の嚆矢となる『カムカム英語』が始まりました。『証城寺の狸囃し』のメロディーで、♪"Come, come, everybody! Everybody, how are you?... ♪というテーマソングが流れました。

Technique

059 関係代名詞を使わずにスマートに話そう（2）

☑ 関係代名詞が動詞の目的語になる場合は省略するのがふつうです。

> 昨夜パーティで**会った男の子**かっこよかったわ。
> **The boy I met** at the party last night was cool.

関係代名詞が目的語の場合、**口語では省略するのがふつう**です。

▶ 昨夜パーティで会った男の子かっこよかったわ。

➡ 1) **The boy I met** at the party last night was cool.

➡ 2) **The boy** who [that / whom] **I met** at the party last night was cool.

　形だけを見ると1) は2) の関係代名詞を「省略」したものですが、ここには心理的な誤解が生じる恐れがあります。つまり、2) のように関係代名詞のあるものが「正統」で、1) はそこから派生した「不完全な」ものではないか、という誤解です。歴史的には、1) の形（これを「接触節」と呼びます）は2) の形と並行して発達したものなのです。みなさんの中にも、教科書によっては中学校で、まずこの形からおそわった人もいると思います。

　1) では "The boy" と "I met ... night" の結びつきが密接で、**その間には休止が置かれずに話されます**。

　2) の "whom" は現在では廃語に近いものです。口語では "who" が好まれますが、くだけた口語では "that" も使えます。ただ、いずれも1) の形に収束する傾向があります。

| the movie | I saw last week | 先週見た 映画 |
| the bag | my mother bought me | 母が買ってくれた バッグ |

名詞 ←———— 関係詞節

　ここまでであげた例の中で、関係詞を用いて（省略も含む）名詞を修飾している部分を「関係詞節」と呼びます。 名詞 が核になっていますから、この〈名詞＋関係詞節〉は**文の主語、動詞や前置詞の目的語、補語**（be動詞に続く名詞・形容詞、すなわち〈A is B〉のBにあたるものなど）**のどれにも使えます**。

関係代名詞を使わずにスマートに話そう（3）

☑ 関係代名詞が「前置詞の目的語」の場合も省略するのがスマートです。

これは私のおじが昔住んでいた家です。
This is the house my uncle used to live **in**.

前項でふれましたが、目的語となる関係代名詞は「省略」されるのがふつうです。それは次のように**「前置詞の目的語」**であっても同じです。

▶ これは私のおじが昔住んでいた家です。
　⇒ 1) This is the house my uncle used to live **in**.
　⇒ 2) This is the house **that** [**which**] my uncle used to live **in**.
　⇒ 3) This is the house **in which** [×that] my uncle used to live.
　⇒ 4) This is the house **where** my uncle used to live.

元のつながりは、〈my uncle used to live in the house〉です。
1) の形が一般に用いられ、2) → 3) と使われる頻度は低くなります。
3) の場合にはthatは使われないことに注意してください。
また、場所を表す"in which"に代わって、4) のように関係副詞の"where"を使うこともあります。
さらに3つ例をあげておきましょう。

▶ 私がいっしょに仕事をしていた女性はとても有能だった。
　⇒ The woman I was working **with** was very competent.
▶ 彼女がお金を借りていた男は昨日亡くなった。
　⇒ The man she'd borrowed some money **from** died yesterday.
▶ ここは昔、おじが働いていた会社だ。
　⇒ This is the company my uncle used to work **for**.

More 〈the way ～〉の場合

〈前置詞＋関係代名詞〉が省略される場合もあります。the way ～の場合は省略されるのが普通です。（☞ the wayについては072項を参照）

彼女はそんなふうにはその魚を料理しない。
That's not **the way** (**in which**) she cooks the fish.

関係代名詞を使わずにスマートに話そう（4）

☑️ 〈**there is ...**〉の中や**be**動詞の補語になる場合、省略することがあります。

彼女には言うべきことはすべて言ったよ。
I have told her all (**that**) **there is** to tell.

　口語の場合、関係詞節の中に〈**there is / was**〉があれば、（その主語としての）関係代名詞（**that**）が「省略」されるのがふつうです。

▶ 彼女には言うべきことはすべて [言うべきすべてのことを] 言ったよ。
　　➡ I have told her all (**that**) *there is* to tell.

　"There 〜" 構文では、形式上の主語は "there" になりますが、実質的な主語は "There is" に続く「名詞」と言えます（☞109項も参照）。上の文では、元となった〈there is all to tell〉を考えれば、"all" が先行詞で、"(that) there is to tell" の部分が関係詞節であることがわかると思います。
　次のように、be動詞の「補語」になる場合にも、ふつうは省略します。

▶ 若い頃の自分を振り返って見ると、自分に愛想がつきるよ。
　　➡ When I look back on the young man (**that**) *I was*, I'm disgusted
　　with myself.　　　　　　　　　　　　　　　（☞**068**項最後の例文も参照）

〈**It is 〜 that / who ...**〉の強調構文においても省略できます。

▶ そんなふうに感じるのは気のせいにすぎないわ。
　　➡ *It is* only your imagination (**that**) makes you feel that way.

　また、次のように〈I think〉などが挿入され、「私が〜だと思う…」という場合（☞**067**項も参照）も省略されます。挿入がなければ、形からも意味の上からも省略できないのはおわかりでしょう

▶ 私が信頼できると思ったあの男は詐欺師だった。
　　➡ The man (**who / that**) *I thought* was trustworthy turned out a
　　fraud.
　　? The man (**who / that**) was trustworthy turned out a fraud.
　　☞who / that がないと "The man was trustworthy" とつながってしまう

関係代名詞を使わずにスマートに話そう（5）

☑ 〈関係代名詞＋be動詞〉を省略することができます。

> トラックを**運転していた男**は携帯電話で話し込んでいた。
> **The man (who was) driving** the truck was talking into his cell phone.

　関係代名詞の働きを十分に理解した上で、それを使わずに簡潔に表現できる場合があることを知っておくことも大切です。

▶ トラックを運転していた男は携帯電話で話し込んでいた。
　➡ The man (**who was**) **driving** the truck was talking into his cell phone.

　〈関係代名詞＋be動詞＋-ing〉の形の場合には、関係代名詞だけではなくて、be動詞もあわせて省略してしまうことに注意してください。
　さらには**進行形を作らない動詞が続く場合にも、関係代名詞を省略して、〈-ing形〉で続ける**ことができます。（☞ 104項も参照）

▶ その場所を知っている人なら誰でももう一度行きたいと思う。
　➡ Anyone **knowing** the place wants to go there again.
　➡ Anyone **who knows** the place wants to go there again.
　✕ Anyone **who** *is knowing* the place wants to go there again.

　〈to不定詞〉が関係代名詞節の代わりをすることは、よく知られています。

▶ 彼には助けてくれる友人がほとんどいない。
　➡ He has very few friends **to help** him.
　➡ He has very few friends **who will help** him.

▶ 彼は南極を横断した最初の男性だった。
　➡ He was the first man **to travel** across the Antarctic.
　➡ He was the first man **that** [**who**] **travelled** across the Antarctic.

　関係代名詞節の代わりをする〈to不定詞〉や〈-ing形〉が表す「時」については、134項でくわしくふれています。

063 後から説明を付け加える感じで言いたい

☑ 関係詞の前にカンマをつけると、そのような感じになります。

夫は今札幌に住んでいます**が**、毎週末帰ってきます。
My husband**,** who is now living in Sapporo, comes home every weekend.

関係代名詞・副詞にはご存知のように、基本的に2通りの用法があります。

① 前にカンマ (,) をつける　② カンマをつけない

　会話などで「夫は今札幌に住んでいますが、毎週末帰ってきます」と話すときには "My husband is now living in Sapporo, and [but] he comes home every weekend." と言います。同じようにそのまま手紙・電子メールなどで書くこともかまいません。それがふつうですが、関係代名詞を使って次のように書くこともできます。

　　My husband, **who** is now living in Sapporo, comes home every
　　weekend.　　補足———→

　関係代名詞 "who" の前および "Sapporo" の後のカンマに注意してください。**このカンマは「先行詞を限定しません」という標識**です。後から、**夫についての情報を付け加える**ような感じです。
　カンマのない、次の文と比べてみましょう。

　　? My husband **who** is now living in Sapporo comes home every
　　weekend.　　限定←———

　これは「今札幌に住んでいるほうの夫は毎週末に帰ってきます」の意味になります。つまり、何人か夫がいて、そのうちの「今札幌に住んでいるほうの 囚」と、夫を**限定します**。したがって、この文を読んだ相手はびっくりしてしまうでしょう。
　ただ、チベットには商用などで長い間家をあける男性が自分の兄弟に妻を預けるタイプの一妻多夫婚 (polyandry) が存在します。そのような場合には、上のような文も立派に成立します。
　ちなみに、「一夫多妻」は "polygamy" と言います。そして、実質的な "polygamy" は世界中のいたるところに見られます…。

064 関係詞の前にカンマが絶対に必要な場合とは

☑ 固有名詞が先行詞の場合は絶対に必要です。

> ショパンの作品は世界的に有名**だが**、彼はそのいくつかをこの
> 地で作曲した。
> **Chopin, whose** works are world-famous, composed
> some of his music here.

関係代名詞の前にカンマがない用法を「限定用法」、あるものを「非限定用法」と呼びます。先行詞（関係代名詞が修飾する名詞）が**固有名詞の場合には、必ずカンマを入れて関係代名詞を続けます。**

▶ ショパンの作品は世界的に有名だが、彼はそのいくつかをこの地で作曲した。

  ➡ **Chopin** , **whose** works are world-famous, composed some of his music here.

上の文にもしカンマがなければ、

「作品が世界的に有名なほうの ショパン 」

と限定されてしまい、ショパンが他にもいることになってしまうことは、前項で述べたとおりです。

　ただし、実際には日本語では、「作品が世界的に有名なショパンは」のように言っても問題ありませんので、この手の日本語を英語になおすときは注意が必要でしょう。

　固有名詞でも、ふつうの人で同じ名前をもっている場合があります。

▶ きみが言うカオリはぼくの言うカオリとは別だよ。

  ➡ **The** Kaori (**that**) you're talking about **is different from** **the** Kaori (**that**) I'm talking about.
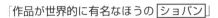
    ☞これらのthatはふつう省略される

　同じ「カオリ」という名前ですが、別々のお店で働いている、別々の女の子というわけです。この場合には、固有名詞に**限定を示す"the"**をつけ、関係代名詞（「省略」しますが）の前にはカンマが要りません。

065 **"which"はどんな場合に使うと便利か（1）**

☑ あいまいに文を続けるような場合です。

> 彼は彼女にメールを送った**のだが**、彼女はそれを読まずに消した。
> He sent her an e-mail, **which** she deleted without reading.

　関係詞節は限定用法の場合には、つねに名詞を修飾する、**一種の形容詞の働き**をします。非限定用法では〈接続詞＋代名詞〉を兼ね備えた働きをする点が異なります。

▶ 彼は彼女にメールを送ったのだが、彼女はそれを読まずに消した。
　　➡ He sent her　an e-mail , which ［×that］she deleted without reading.
　　➡ He sent her　an e-mail , but she deleted it without reading.

　この関係詞節は先行詞（an e-mail）を説明するものではなくて、**話を続けるために付け加えています**。文脈から判断して、接続詞 "but" と代名詞（it＝an e-mail）で書きかえることができます。**関係代名詞の "that" はこうした非限定用法には用いられません**。
　次は "and" で続けられる例です。

▶ 彼女は彼に向かってやさしく微笑んだので、彼はすっかり嬉しくなった。
　　➡ She gave him　a sweet smile , which made him very happy.
　　➡ She gave him　a sweet smile , and it made him very happy.

　次の文では "which" の先行詞は前の文全体（の内容）です。**こうした働きができるのは非限定用法の "which" だけ**です。

▶ 彼らはイタリア人だと言ったが、これは本当ではなかった。
　　➡ They said they were Italians , which wasn't true.

　　➡ They said they were Italians, **but this** wasn't true.

　ただし、以上の例文では厳密に〈順接/逆接〉を表しているわけではなく（☞184項参照）、関係代名詞の "which" はこうした**どちらともとれるあいまいな状況を表すのに便利なことば**と言えるでしょう。

066 "which"はどんな場合に使うと便利か (2)

☑ 文の一部を先行詞にすることもできます。メールでも使える文体です。

彼女はいっしょに食事をと言ったので、私は**そうした**。
She asked me to dine with her, **which** I did.

非限定用法の "which" は文全体を先行詞にする（☞前項）他に、**文の一部を先行詞にすることもできます**。次の文では "which" の先行詞は "to dine with her" です。

▶ 彼女がいっしょに食事をと言ったので、私はそうした。
　➡ She asked me to dine with her , **which** I did.
　＝ She asked me to dine with her, **and** I did **so**.

次の例では "which がどんな働きをしているかわかりますか？

▶ 彼女はモデルだと言われていたが、実際そうだった。
　➡ She was said to be a model , **which** she really was.
　＝ She was said to be a model, **and** [**but**] she really was **a model**.
▶ あなたは美しいわ、でも残念ながら私はそうではないの。
　➡ You are beautiful , **which** unfortunately I am not.
　＝ You are beautiful, **but** unfortunately I am not **beautiful**.

これらの "which" は前の文のbe動詞に続く名詞・形容詞（補語）を先行詞にして、そのまま関係詞節の中でも同じ働きをしています（それぞれ "was" と "am" の補語）。これらの "which" の用法は基本的には書きことばで用いられるものですが、会話でも時々耳にすることがあります。**手紙や日記やメールなどで使える少しくだけた文語体**と言えるでしょう。

> **More** 独立した文の主語になる "which"
>
> 前の文全体を先行詞とする "which" が独立して使われる場合があります。特に、自分の意見を言いたいときに使います。
>
> 彼はタバコが切れたが、私は吸わないから別段困らなかった。
> He ran out of cigarettes. **Which** actually didn't bother me because I don't smoke.

067 関係代名詞の "what" はこんなに使える (1)

 「〜する [である] こと・もの」と言いたいとき、すごく便利です。

彼女にとっては喜劇だった**こと**が私には悲劇だった。
What was comedy to her was tragedy to me.

日常会話で「〜する [である] こと・もの」と言う機会は非常に多いでしょう。これを英語にするとき大活躍してくれるのが関係代名詞の "what" です。

▶ 彼女にとっては喜劇だった こと が私には悲劇だった。
　⇒ **What** was comedy to her was tragedy to me.
　= **The thing that** was comedy to her was tragedy to me.

"what" は、主に 〈the thing(s) that〉 の意味をひと言で表します。最初の文でおわかりのように、**"what"** で導かれたかたまり (節：例文中の下線部) **は名詞扱い**をします。したがって、主語、目的語、補語のいずれにも使うことができます。呼応する動詞は、ふつうは単数です。

▶ あなたが私に言ったことは彼が私に言ったこととまるっきり反対だわ。
　⇒ **What** you told me is exactly the reverse of **what** he told me.
　　　　　　　　　　　　　　　　　　　　　　　[主語 / 前置詞の目的語]
▶ きみの言いたいことは、はっきりとわかったよ。
　⇒ I clearly understand **what** you want to say.　　　　　　[目的語]

what 節の中に 〈〜 **think** / **believe** / **find** / **say**〉 などを挿入する言い方がよくあります。「〜 (あなた / 自分 / 彼など) が…と思う / 信じる / わかる / 言う (ところの) こと・もの」に相当する意味を表すときに便利で、慣れておきたい言い回しです。(☞この種の挿入に関しては061項も参照)

▶ あなたは自分が正しいと思うことをすればいいのよ。
　⇒ You should do **what** *you think* is right.
　　cf. what is right 「正しいこと」
▶ これが彼が言うところの真相です。
　⇒ This is **what** *he says* is the truth.

関係代名詞の "what" はこんなに使える (2)

☑ 「できるだけ」「すべての」といった意味を表すこともできます。

> 食べられる**だけ**食べていいよ。
> You can eat **what** [as much as] you can.

「～できるだけ」「何でも～できる」などに相当する英語を "what ～" で表せる場合があります。この場合 "what" は、

　1) as **much** as　2) **all** that　3) **anything** that

の意味を表していると言えるでしょう。

▶ 1) 食べられるだけ食べていいよ。
　➡ You can eat **what** [**as much as**] you can.
▶ 2) 僕はきみを助けるためにできるだけのことをするよ。
　➡ I will do **what** [**all** **that**] I can to help you.
▶ 3) この国では好きなことは何だって話すことができる。
　➡ In this country we can say **what** [**anything** **that**] we like.

　"what" はまた、次のように、その後に名詞を続けて形容詞のように用い、**「少ないながらももっているすべての～」**といった意味を表すことができます（これを「形容詞の意味を含んだ関係詞」という意味で、文字通り「関係形容詞」と呼ぶことがあります）。"what" の後に "little" や "few" などを入れて、**「少ない」**ことを強調するのがふつうです。

▶ 私は少ないながらも自分のもっているすべてのお金を彼女に送った。
　➡ I've sent her **what** little money [**all the** little money **that**] I had.
▶ 少ないながらも私がこの都市でもっている友人たちはみんな私にはとても親切です。
　➡ **What** few friends [**All the** few friends **that**] I have in this city are very kind to me.

　また、「現在 [過去] の自分」を表す、こんな "what" の使い方もあります。

▶ こんな女に誰がしたのよ？
　➡ Who has made me **what** I am [**the woman** (**that**) I am] ?

関係代名詞の "what" はこんなに使える (3)

☑ 慣用句的に文中に挿入する便利な慣用句があります。

> 彼はイケ面だし、頭がいいし、それに**何と言っても**、お金持ちだわ。
> He is good-looking, clever, and, **what is best of all**, rich.

関係代名詞の "what" は相当数の慣用句を作ります。その多くが文中・文頭に位置して、**独立した副詞のような意味**を表します。

▶ 彼はイケ面だし、頭がいいし、それに何と言っても、お金持ちだわ。
　⇒ He is good-looking, clever, and, **what is best of all**, rich.

▶ 暗くなっていき、さらに悪いことには、雨が降り出した。
　⇒ It was getting dark, and **what was worse**, it began to rain.

▶ 彼女は物静かだし、おまけに仕事は速い。
　⇒ She is quiet and, **what is more**, she is a quick worker.

次は、"what" の慣用句が文頭に来ている例です。

▶ さらに驚いたことには、彼はもう百万円を貸してくれた。
　⇒ **What was more surprising**, (was that) he lent me another million yen.
　　☞ "was that" を入れる場合は前にカンマを打たない

上の慣用句は〈what is / was ＋比較級・最上級〉の形です。この種の慣用句は**口語でもよく使われるもの**です。書く場合はカンマで前後を区切ります。口頭で言う場合は、カンマの箇所で一息入れます。

次の例も慣用句ですが、これはカンマのないことからもわかるように、副詞的にではなく**形容詞的に次の〈(冠詞＋) 名詞〉を修飾**しています。

▶ 彼女はいわゆる守銭奴だ——金のためなら何だってやる。
　⇒ She is ❘ what we call ❘ a miser — she'll do anything not to spend money.

▶ 彼はいわゆる冷笑家だよ。
　⇒ He is ❘ what we call ❘ a cynic .

070 関係代名詞としての "as" の使い方が知りたい

☑ 主語の位置でも目的語の位置でも使え、文頭にも出せます。

例によって、彼はまた遅刻だよ。
As is usual with him, he came late.

"as" はさまざまな意味・用法がある語で、関係代名詞の働きもします。

▶ 例によって [彼についてはそれがふつうなように]、彼はまた遅刻だよ。
⇒ He came late again , **as** (≒ which) is usual with him.

"as" の後ろにすぐ "is" が来ていますから、一見おかしく思われます。これは関係代名詞の which と同じものと考えてかまいません。すなわち、前の文全体が先行詞となっています（☞接続詞としての用法は 055 項、195 項を参照）。

ただ、"which" とは違って **"as 節" は文頭に移動させることもできます。**

⇒ **As is usual with him**, he came late again.
× *Which* is usual with him, he came late again.

上の例では "as" は主語の位置で使われていましたが、目的語の位置で使われることもあります。次の例では "as" は**前の文の一部** (lose your wallet) を先行詞として、"did" の目的語になっています。

▶ 先週私がしたように、財布をなくしちゃだめよ。
⇒ Don't lose your wallet , **as** I did last week.

関係代名詞として、他の語句と相関的に使う場合もあります。（以下の例では主語の働き）

▶ あなたの将来に役に立つような情報を集めなさい。
⇒ Collect *such* information **as** will benefit your future.
▶ 日々を充実させるに必要なだけ多くの事柄に興味をよせるのはよいことだ。
⇒ It is good to be interested in *as* many things **as** are necessary to fill our days.　　　　　　　　　　　　　　　　　—Bertrand Russell

☑ **関係代名詞と比べて、省略がかなり自由です。**

出発**時間**をおしえてください。
Let me know (**the time**) **when** [**the time** (**when**)] we will start.

　関係副詞の場合には、**関係副詞自身か先行詞かどちらかを省略**することができる場合があります。

▶1) 出発時間をおしえてください。
　⇒ Let me know the time **when** we will start.
　⇒ Let me know **when** we will start [the time we will start].

▶2) そういう訳で彼女はあなたに怒っているのよ。
　⇒ That is the reason **why** [**that**] she is mad at you.
　⇒ That is **why** she is mad at you.
　⇒ That is the reason she is mad at you.

▶3) 彼が昔働いていた会社を知っていますか。
　⇒ Do you know the office **where** he used to work?
　⇒ Do you know **where** he used to work?
　× Do you know the office he used to work?

　1)"when"または「時を表す」先行詞が省略できます。

　2)"why"または「理由を表す」先行詞を省略でき、どちらかを省略するのがふつうです。先行詞を省略しない場合のみ、"that"を関係副詞として使うこともできます。×"This is *that* she is mad at you."

　3)「場所」を表す先行詞の場合には**"where"はふつうは省略できません**。

More the reason why の後の省略

アメリカのフォーク歌手Joan Baezが歌って有名になった"Dona Dona"の一節です。whyの後の省略部分は文脈から判断できます。

　♪子牛たちは理由も知らずに、たやすく縛られ殺される。♪
　♪ Calves are easily bound and slaughtered, never knowing **the reason why** (they should be bound and slaughtered).

〈the way〜〉の使い回しはこんなに便利

☑ 〈**the way**＋主語＋動詞〉は「〜し方」「ように」と言うとき便利な表現です。

ネコどうしが**どんなふうに**体を洗うか見たことある？
Have you ever watched **the way** cats wash each other?

昔は関係副詞"how"には先行詞があったのですが、その用法は廃れてしまい、今では次の1）のように単独でしか使われませんので、これを関係副詞と呼ばない学者もいます。

▶ ネコどうしがどんなふうに体を洗うか見たことある？

➡ 1）Have you ever watched **how** cats wash each other?

➡ 2）Have you ever watched **the way** (**in which**) cats wash each other?

2）のように"how"の代わりに"the way"を使うこともよくあります。これを先行詞としてその後に"in which"が続く場合もありますが、省略するのがふつうです（☞060項 *More* を参照）。

〈**the way**＋主語＋動詞〉は**大変便利な表現**で、名詞「〜し方」としても（下の3〜5）、副詞「**〜するように**」のように（6と7）も使えます。

名詞用法では当然、主語、目的語、補語のいずれにも使うことができます。

▶ 3）そのプロジェクトのやり方を決めるのはあなたです。

➡ **The way** you carry out the project is for you to decide.　　［主語］

　☞carry out「（体系的・計画的な事柄）を実施する、執り行う」

▶ 4）ぼくは彼女のしゃべり方がほんとうに好きだ。

➡ I really like **the way** she talks.　　　　　　　　　　　　　［目的語］

▶ 5）これがまさに私たちの生き方なのよ。

➡ This is exactly **the way** we are.　　　　　　　　　　　　　［補語］

▶ 6）私は彼女が歌ったようにその歌を歌おうとした。

➡ I tried to sing the song **the way** she did.

▶ 7）彼は魚を妻が気に入るように料理した。

➡ He cooked the fish **the way** his wife liked it.

第5章
仮定法を自由自在にあやつろう

英語の仮定法は私たち日本人とってはやっかいなものです。それは日本語には英語の仮定法過去や仮定法過去完了といったような、明確な形のルールがないためかもしれません。

例えば、日本語では「あなたの助けがなかったら」という条件を示す部分の後には、①「私は失敗するかもしれない」とも②「失敗していたかもしれない」とも続けることができます。

英語では①は現在の事実に反する仮定を表す仮定法過去で表し、②は過去の事実に反する仮定法過去完了で表しますので、それに応じて条件を示す部分も次のように決まった形をとります。

① If it <u>were not for</u> your help, I might fail.
② If it <u>had not been for</u> your help, I might have failed.

しかしまた、上の2つの異なる条件はどちらも、"Without［But for］your help" と1つの同じ表現で言いかえることができます。

さらに、「条件」を表す部分が上のようには明示されず、主語やいろんな副詞語句にその意味がこめられる場合も多くあります。

英語の仮定法は、こうしたいろいろなルールや例外などがあって、たしかにやっかいではありますが、明確な形のルールがあるのですから、それらのルールを覚えてしまえば、逆に自由自在に仮定法をあやつることもできるのではないでしょうか。

「〜ならいいのに」と言いたい場合はどうする？

☑ 過去形で「現在の時点の現実」よりも離れていることを表します。

鳥で**あれば**いいのになあと思う。
I wish I **were** [**was**] a bird.

　ある英会話学校のテレビコマーシャルに "I wish I were a bird." という
フレーズが流れたことがありました。中学生の子供に「どうして "I" の
後に "were" が来るの？」とか「どうして "were" と過去形を使うの？」
ときかれた人もいるかもしれません。一人称・三人称の単数に "were"
が来るのは、主に書きことばにおける古い用法のなごりで、今ではいく
つかの例を除いて、**口語では "was" が使われる**ことが多くなりました。
もちろん複数の主語の場合にはつねに "were" を使います。

　**過去形を使うのは、話し手が話している現在の時点の現実よりも離れ
ていることを示唆**しています。その分だけ婉曲であり、非現実性が増す
ことで、仮定の意味が含まれるのです。こうした過去形は「仮定法過去」
と呼ばれ、現在の事実に反する仮定を表します。

　では、次の文はどうでしょうか。

▶ 鳥であればいいのになあと昨日私は思った。
　⇒ Yesterday I **wished** I **were** [was] a bird.

　昨日の出来事は過去のことですから、当然 "wished" と過去形になり
ます。しかし、昨日私がそう思った時点を「現在」と考えれば、「私は鳥
である」ことはやはりそのときの「現在」の事実に反するので、仮定法
過去が使われます。

　別の言い方をすれば、**仮定法は「時制の一致」に従いません**。仮定法
のルールは日本人の私たちから見るとかなり複雑ですから、正確に覚え
ることが大事です。次の例は、"Tammy" という古いアメリカンポップ
スの歌詞の一節です。"Wish" の前には "I" が省略されています。

▶ ♪僕が今何を夢見ているかを彼女が知っているかどうかわかればいい
　のになあ♪
　⇒ ♪ **Wish** I **knew** if she **knew** what I'm dreaming of. ♪

過去の事実に反する仮定を表すには

☑ 過去完了形で「過去の事実」よりも離れていることを表します。

彼女はまるでアテネに長年**住んでいた**かのような口ぶりだ。
She talks as if she **had lived** in Athens for many years.

　英語では**過去のある時点を基準にして、それよりももっと前のことを表す**のに、「過去完了」という形を使います。前項で、現在の事実に反する仮定を表すときには、現在よりも離れた過去形を使うことをお話しました。

　この考え方をそのままあてはめれば、**過去の事実に反する仮定を表すときには、過去よりも離れた過去完了を使う**ことが納得されるでしょう。

　この「仮定法過去完了」も時制の一致には従いません。次の2つの例では、彼女が話している時点は異なりますが、「アテネに住んでいた」というのは、**その時点での過去の事実に反すること**ですから、どちらも過去完了形（仮定法過去完了）を使わなければなりません。"as if 〜" は「まるで〜のように」という定型表現です。

▶ 彼女はまるでアテネに長年住んでいたかのような口ぶりだ。
　➡ She **talks** as if she had lived in Athens for many years.

▶ 彼女はまるでアテネに長年住んでいたかのような昨日の口ぶりだった。
　➡ Yesterday she **talked** as if she had lived in Athens for many years.

　オリンピック観戦のツアーでアテネに行っただけなのに、「プラカでは○△って名前のタベルナのムサカが最高よ。あら、タベルナ (taverna) っていうのはギリシャ語でレストランの意味よ。面白いでしょ、ケケケッ」とのたまう人があなたの周りにいなければいいのですが…。

More "as if" の後の直説法

"as if" の後に仮定法でない形 (これを「直説法」といいます) が続くこともあります。主に、**そうなる可能性が高い場合**です。

　どうやら雪になりそうだ。
　It looks as if it **is** going to snow.

☑ that 節内の動詞を原形（仮定法現在）にします。

> 私は彼にリサと食事にでも**行ったら**どうかと言った。
> I suggested to him that he **go** out for a meal with Lisa.

みなさんの中には、上の例のような文中の"go"がどうして「**原形**」になっているのか不思議に思った人がいるかもしれません。このような"go"を含む形を「仮定法現在」と呼びます。**仮定法現在は忠告・提案・要求・希望などを表す動詞や名詞・形容詞と共によく使われます。**

なぜ「仮定法」かというと、そのように思うだけで、その行為は実現したかどうかわからないからです。

▶1) 私は彼にリサと食事にでも行ったらどうかと言った。

➡ I **suggested** to him that he **go** out for a meal with Lisa.

▶2) 彼女にすぐ来てほしいというのが私のたっての願いです。

➡ It is my ardent **wish** that she **come** at once.

▶3) あなたが私たちのチームのキャプテンなのが望ましい。

➡ It is **desirable** that you **be** captain of our team.

1) は動詞、2) は名詞、3) は形容詞に続く that 節の中で使っています。また、次の文では"not"の位置に注意してください。

▶私たちは許可なしにその部屋に入らないように求められた。

➡ It **was required** that we **not enter** the room without permission.

この用法は主にアメリカ英語において見られます。**イギリス英語では〈should ＋原形〉、〈should not ＋原形〉を使う**のがふつうですが、次第に仮定法現在（動詞の原形）を使うようになってきています。

 次の文は形は命令文ですが、もともとは譲歩を表す仮定法でした。こうした文は限られた表現でしか使われなくなっています。

何が起ころうとも、私たちは行くべきだ。
Come what may （＝ Whatever may come or happen）, we should go.

076 「～できるのだが…」とことばを濁したい

✓ 実際にはできないことを悔やむ場合は、"could"を使います。

> もし私がもっと若ければ、それが**できるのだが**。
> If I were [was] younger, I **could** do it.

　現在の事実に反する仮定を表すには "if" の後に過去形を使うことを先にお話しました。「もし私がもっと若ければ、それができるのだが」を英語になおす場合、「現在よりももっと若ければ」の意味ですから、現在の事実に反します。したがって、"If I were [was] younger" となります。

　「それができるのだが」は、現在は若くないのでそれができないという意味ですから、同じように現在の事実に反しています。したがって、"I could do it." と、ここでも過去形を使います。次が正しい文です。

　　If I **were** [**was**] younger, I **could do** it.

　現在の事実に反する仮定を述べる場合は

　　If＋主語＋過去形～, 主語＋**助動詞の過去形＋原形** …
　　　　　　　　　　　└────主文（帰結節）────┘

が基本の形です。主文（これを「帰結節」と呼ぶことがあります）に必ず助動詞の過去形が使われることに注意してください。しかしなぜ、**主文にだけ助動詞を使う**のでしょうか？

　それは、if節はあくまで「**事実に反すること**」ですが、主文はそれにもとづいて、「**話し手の推測**」（「できたのに」など）を述べているからです。これを担当するのが助動詞（の過去形）というわけです。

　他の助動詞を使う場合をあげておきましょう。

▶ きみは一所懸命働けば昇進するのだが（実際にはきみは働かない）。
　➡ If you **worked** hard, you **would be promoted** .
▶ もう一度頼めば彼女はイエスと言うかもしれないのだが（彼は頼まないだろう）。
　➡ If he **asked** her again, she **might say** "Yes."

「～できたのだが…」は "could" でよいか

☑ 〈**could have** ＋過去分詞〉としなくてはいけません。

もしあなたがそこに行っていたら、彼女に**会えたのだが**。
If you had gone there, you **could have seen** her.

A）仮定法過去とB）仮定法過去完了の基本形は、次のように**パラレルな関係**になっています。

A）If ＋主語＋ 過去形 ～, 主語＋ 助動詞の過去形＋原形 …

B）If ＋主語＋ 過去完了形 ～, 主語＋ 助動詞の過去形＋完了形 …

完了形とは〈have ＋過去分詞〉の形をいいます。主文（帰結節）のほうにはどちらも助動詞の過去形が使われていますが、B）ではその後に（原形ではなく）完了形が来ます。この2つは仮定法の基本形ですから、**必ずマスターしておかなければなりません**。

▶ A）もしあなたがそこに 行けば 、彼女に 会えるのだが 。

　⇒ If you **went** there, you **could see** her.

▶ B）もしあなたがそこに 行っていたら 、彼女に 会えたのだが 。

　⇒ If you **had gone** there, you **could have seen** her.

B）の文は、「あなたはそこに行かなかったから彼女に会えなかった」という過去の事実が含まれています。もう一度今までお話した形を使って仮定法過去完了の文を作ってみましょう。

▶ ここに来ればよかったのに。

　⇒ I wish you **had come** here.

　　☞I wish you could have come here.「ここに来ることができればよかったのに」

▶ きみはまるで彼女に会えたかのような口ぶりだね。

　⇒ You talk as if you **could have seen** her.

当然、疑問文の場合もあります。

▶ その事実を知っていたら、彼は何と言っただろうかね。

　⇒ What **might** he **have said** if he **had learned** the fact?

078 「もしあの時〜だったなら、今…なのに」はどう言うか

☑ 〈**If＋仮定法過去完了**〜, **仮定法過去**…〉を使います。

ママの言うことを**聞いていた**なら、今は家に**いるのに**。
If I **had listened** to what my mom said, I'**d be** at home now.

「もし（過去に）〜だったら、（今）…なのに」のように、**過去の事実に反する仮定と、現在の事実に反する仮定がミックスされた場合**には、それぞれの仮定法を使います。例えば、「（あの時）ママの言うことを聞いていたなら、今は家にいるのに」と、『朝日のあたる家』という風俗店で働いている女の子が後悔したとします。前半は過去の事実に反する仮定で、後半は現在の事実に反する仮定ですから、次のように使い分けます。

➡ If I **had listened** to what my mom said, I'**d** (＝I **would**) **be** at home <u>now</u>.

つまり、

If＋主語＋ **仮定法過去完了** 〜, 主語＋ **仮定法過去** …

という形になっています。

また、当然のことながら、上とは逆に、「もし（今）〜でなければ、（あの時）…だったのに」という状況も考えられます。その場合は、

If＋主語＋ **仮定法過去** 〜, 主語＋ **仮定法過去完了** …

という形になります。母親がこのあいだ男にだまされた娘に言います。

▶ もしお前がもっと大人で世間を知っていれば、あんな男にだまされることはなかっただろうに。
➡ If you **were** older and **had** more experience of life, you **wouldn't have been deceived** by a man like him.

だまされたその時も今も大人ではなく、世間もよく知らないので、この部分は「現在の事実」に反する「仮定法過去」になります。

"were" を "was" に代用できない場合とは

☑ 慣用的に代用できない表現があります。

> 彼は**いわば**転がっていく石だ。
> He is, as it **were** [× **was**], a rolling stone.

"as it were" は「いわば」という意味です。主語が "it" なのに "were" なので、これは仮定法では？と気づかれたことでしょう。もともとは "as if it were so" という形でした。前述したように、口語では仮定法過去の "were" の代わりに "was" も使われますが、**慣用句には "was" で代用できないものがあります**。"as it were" はその一つです。

▶ 彼はいわば転がっていく石だ。

⇒ He is, **as it were** [× was], a rolling stone.

☞ "what we [**you / they**] call" でも「いわば」の意味を表すことができます（☞069項参照）

"as it was" は "as it is" の過去形で、1)「実情は」と2)「あるがままに」の2通りの意味があります。2) の場合、目的語が複数ならば "as they are [were]" となります。

▶ 1) 当時の状況としては、物価は毎週上がっていた。

⇒ **As it was**, prices were going up every week.

▶ 2) 私は本をそのままにしておいた。

⇒ I left the book **as it was**.

⇒ I left the books **as they were**.

> *More* 英米で解釈が異なる諺
>
> 転がる石にはこけがつかない。
> A rolling stone gathers no moss.《諺》
>
> 「転々と職や住所を変える人は財産や信用が得られない」というのがイギリス的な解釈です。「一か所に安住しない活動的な人は、世間のしがらみにとらわれることはない」というのがアメリカ的な解釈です。

080 仮定法を使う慣用句を知りたい

✓ 例えば、**"if it were [was] not for ～"**（～がなければ）です。

> あなたのお金が**なければ**、私は生きていけないわ。
> **If it were [was] not for** your money, I couldn't live.

"If it were not for ～" は「もし（現在）～がなかったなら」という意味を表す慣用句です。以前は "were" を "was" に代えることができないとされてきましたが、今日では特に口語において "was" も使われています。

▶ あなたのお金がなければ、私は生きていけないわ。

➡ **If it were [was] not for** your money, I couldn't **live**.

当然、「もし（過去に）～がなかったなら」は **"If it had not been for ～"**（仮定法過去完了）で表せます。

▶ あなたのお金がなければ、私は生きていけなかったわ。

➡ **If it had not been for** your money, I couldn't **have lived**.

また、これらの慣用句は

- "without"、"but for" のどちらででも代用でき、
- 仮定法過去でも仮定法過去完了でも使うことができる

のも実用上のポイントです。

➡ **Without [But for]** your money, I couldn't **live**.
➡ **Without [But for]** your money, I couldn't **have lived**.

More 慣用句を用いたハイブリッド仮定法

if節が仮定法過去完了、主文（帰結節）が仮定法過去の文です。（☞078項）

> きみの助けがなかったなら、今ごろ首まで借金につかっているよ。
> **If it had not been for** your help, I'd **be** up to my ears in debt.

世知辛いご時世、こうした「きみ」を少なくとも3人は確保しておきたいものです。

081　"if" を使わないで、「もし〜」と言う場合とは（1）

☑ 主に書きことばで **"if"** を省略する場合がいろいろあります。

もし私があなた**なら**、彼のプロポーズを受け入れるわ。
Were I in your shoes, I would accept his proposal.

　書きことばにおいては、仮定法で "If 〜" の "if" を省略することがあります。その場合、**主語と（助）動詞の位置が倒置されます**。

▶ もし私があなたなら、彼のプロポーズを受け入れるわ。
　➡ **If I were** [**was**] in your shoes, I would accept his proposal.
　➡ **Were** [× Was] **I** in your shoes, I would accept his proposal.
　　☞ be in one's shoes「〜の身になる、立場になる」

　倒置になる場合、"was" で "were" の代用をすることはできないことに注意してください。
　仮定法過去では "were", "had" 以外の動詞の場合には if の省略による倒置はできません。

▶ もし2百万円あれば、この車を買うのだが。
　➡ **If I had** two million yen, I would buy this car.
　➡ **Had I** two million yen, I would buy this car.
　× *Did I have* two million yen, I would buy this car.

　仮定法過去完了の場合にはどのような場合にも倒置が可能ですが、"not" は引きずられて前に倒置されることはありません。

▶ もし彼らがルートを変えなかったなら、彼女はその事故で亡くならなかったかもしれない。
　➡ *If they* hadn't changed their route, she might not have been killed in the accident.
　➡ **Had** *they* **not** changed their route, she might not have been killed in the accident.
　× **Hadn't** *they* changed their route, ...

082 "if" を使わないで、「もし〜」と言う場合とは (2)

 〈**to不定詞**〉を用いる表現があります。

> パーティでの彼女の姿を**見ると**、宝石でできているのかと**思うかもしれないね**。
> **To see** her at parties, you'**d** [you **would**] **think** she was made of jewelry.

　前項のような倒置による "if" の省略の他、"If 〜" 自体の代わりをする表現は多くあります。"if" が見えないだけに、「もし〜」という意味を読み取れないことがありますので、これはとても大事な文法項目です。

　〈to不定詞〉で〈if節〉の代わりをすることができます。ほとんどが、「〜を見たら [聞いたら] …と思うだろう」といった状況で用いられます。

▶ パーティでの彼女の姿を見ると、宝石でできているのかと思うかもしれないね。

　➡ **To see** (＝If you saw) her at parties, you'**d** [you **would**] **think** she *was* made of jewelry.

　特に "If 〜" と仮定部分を明示しない場合、主節で**助動詞の過去形を使うことが、仮定法を自由に使うためのカギ**になります。さらに "was made" と過去形にしていることに注意してください。人間は70％の水分と蛋白質・脂肪などでできています。「宝石でできている」というのは事実と反することなので、（仮定法）過去になっているのです。

　これを "you *will* think she *is* made of jewelry" としてしまうと、「彼女は本当に宝石でできている」と誤解されてしまいます。状況によっては思わぬトラブルを引き起こすことになりかねません。

　また、次のように「**完了形のto不定詞**」（to have ＋過去分詞）で仮定法過去完了のif節に代えて言うこともできます。下の例では、文頭の "It" は "to have left" 以下を指す「仮主語のit」です。

▶ それは言わないでいたほうがよかっただろうに。

　➡ It **would have been** wiser **to have left** (＝if you had left) it unsaid.
　　☞ leave 〜 unsaid「〜を言わないでおく」

083 "if" を使わないで、「もし〜」と言う場合とは (3)

 さまざまな副詞語句で代用することができます。

> おじが学費を払ってくれているの。**でなきゃ**、私はここにいないわ。
> My uncle pays my fees; **otherwise** I wouldn't be here.

　080項でお話した、if節の代わりをする"without 〜"や"but for 〜"も実は「副詞語句」と呼ばれます。

　また、単独の副詞である"otherwise"も、**前の文を否定的に仮定**して、「もし（現在）そうでなければ」「もし（過去に）そうでなかったならば」の意味を表すことができます。

▶ おじが学費を払ってくれているの。でなきゃ、私はここにいないわ。

　➡ My uncle pays my fees; otherwise （＝ if my uncle did**n't pay** my fees), I **would**n't **be** here.

▶ 彼はすでに日本を発ったよ。さもなきゃ、それについて話し合うことができたのにね。

　➡ He had already left Japan; otherwise （＝ if he had**n't** already **left** Japan), you **could have talked** with him about it.

　次のような〈前置詞＋名詞〉や〈名詞句＋**and**〉の形でもif節の代用ができます（☞ 187項も参照）。

▶ 彼ももっと明るい色の服を着れば見栄えがするのにね。

　➡ He **would look** nicer **if he was dressed in more colorful clothes.**

　➡ He **would look** nicer in more colorful clothes .

▶ 彼女はかろうじて間に合った。もう1分遅れていたら、列車に乗り損ねていただろう。

　➡ She was barely in time. **If she had been** [arrived] a minute later, she **would have missed** the train.

　➡ She was barely in time. A minute later, and she **would have missed** the train.

名詞がif節の代わりになる場合とは

☑ 助動詞の働きとあいまって生じる働きであることを忘れずに。

> この薬を飲んでいたらよくなっていたのに。
> **This medicine would have made** you feel better.

前項最後の例文と少し似ていますが、**主語である名詞自体**がif節の代わりをすることがあります。しかしそれは名詞の中にそうした機能がもともと含まれているからではなくて、**助動詞の働きとあいまって生じる働き**です。

▶ 1）この薬を飲んだので、あなたはよくなった。
  ➡ **This medicine** made you feel better.
▶ 2）この薬を飲めばよくなるでしょう。
  ➡ a. **This medicine** will make you feel better.
  ➡ b. **If** you **take** this medicine, it **will make** you feel better.
▶ 3）この薬を飲んでいたらよくなっていたのに。
  ➡ a. **This medicine** would have made you feel better.
  ➡ b. **If** you **had taken** this medicine, it **would have made** you feel better.

1）～3）はいずれも"This medicine"が主語です。1）は単なる過去の事実を話したものです。助動詞が使われていないことに注意してください。

2）には"will"があります。これだけで"This medicine"はb.のようにif節の働きをすることになります。しかし「飲めばよくなるでしょう」と勧めているわけで、**あなたがこの薬を飲まないという選択肢もあるわけですから**、**if節があっても事実に反する仮定法は使いません**。

3）は"would have made"に注目しましょう。これは仮定法過去完了の主文（帰結節）で使われる形です。これと協力して"This medicine"はb.のようなif節の働き（仮定法過去完了）をするのです。

もう1つ例をあげておきましょう。

▶ 本当に頭のいい奴ならあんなふうには振る舞わないのだがね。
  ➡ **A really bright guy** wouldn't behave that way.

☑ 〈If＋主語＋should ～〉や〈If＋主語＋were [was] to ～〉を使います。

ジョニーが**来たなら**伝えてよ、2時間待ってたと。
If Johnny **should come**, tell him I waited two hours.

話し手が「(これから) おそらくありそうもない」と思うことを仮定するときに、〈If＋主語＋should [✕ would] ～〉の形で表すことがあります。この場合、"should"を"would"で置きかえることはできません。主文は〈主語＋助動詞＋原形〉の他に**命令文**などが来ます。

▶ ジョニーが来たなら伝えてよ、2時間待ってたと。

　➡ If Johnny **should come**, **tell** him I waited two hours.　　［命令文］

5番街でMarieが恋人のJohnnyを2時間待っていたのですが、彼は来ませんでした。『彼、やっぱり別れるつもりだったのね。それじゃあおそらく来ないだろうけれども、万一来たら、…』といった設定です。

主文の助動詞はふつう**現在形でも過去形 (仮定法)** でもかまいません。

▶ 仮に失敗しても、またやってみるさ。

　➡ If I **should fail**, I **will** [would] try again.

〈If＋主語＋were [was] to ～〉も未来のありそうもないと思われることを仮定するのに使います。文語的で、主文は**仮定法過去**の形をとります。「万一～したら、どうするか」という文脈で用いられることが多いようです。

▶ あなたが失業したら私たちいったいどうなるの？

　➡ What **would** we **do if** you **were to lose** your job?

▶ 彼女が万一ぼくを捨てたら、ぼくはどうなるの。

　➡ **What if** she **were to cast** me off?

　　☞ cast off「～を見捨てる」

"What if ～?" は「(～したら) どうなるだろう」という意味を表す慣用表現です。いずれにしろ、「絶対にありそうもない仮定」であってほしいと思っている人が多いのではないでしょうか。

第6章
助動詞はコミュニケーションの潤滑油

助動詞（Auxiliary Verb）とは文字どおり、動詞（verb）を補助する（auxiliary）ものです。本来の動詞にいろいろな概念を付け加えることによって、その意味をふくらませることができます。

助動詞の意味・用法を理解することによって、英語の微妙な感覚やより複雑な表現を身につけることができるのです。

"Will you tell me the way to the City Hall?" よりも "Would you please tell me the way to the City Hall?" のほうが丁寧な依頼の仕方であることを知っていれば、初対面の人に与える印象が違ってくるでしょう。

また、"I should say［think］..."「たぶん…だと思いますが」を使えば、自分の意見をそれほど直接的・断定的に言わずにすませられます。日本語にはこうした言い方があふれていますから、ぜひ覚えておきたい表現です。

言わば、助動詞はコミュニケーションの潤滑油の役割を果たしています。この章ではそのあたりを念頭に置いた使い方のテクニックを少しくわしく紹介しています。

「〜したほうがよい」と言うときの注意点は

☑ **"had better"** は押しつけがましい表現なので場合により注意が必要です。

宿題を早くやった**ほうがいい**わよ、ケン。
You **had better** finish your homework quickly, Ken.

"had better" を「〜したほうがよい」、"should" と "ought to" を「〜すべきである」と覚えている人が多いと思います。日本語の語感からすると、前者のほうが丁寧でやんわりした表現のように思えますが、**そのつもりで多用すると危険です。**

"had better" は文字どおりには「（…するよりは）〜したほうがよい」の意味ですが、You を主語にして使うと、「〜したほうがよいからそうしなさい」→「〜しないと大変なことになる」と、単なる忠告・勧告・提案の意味をこえて、**警告・脅迫の意味**になります。したがって、これは親が子供に、教師が生徒に、目上の者が目下の者に使うのがふつうです。

▶ 宿題を早くやったほうがいいわよ、ケン。
➡ **You had better** finish your homework quickly, Ken

上の文では親が子供に警告している状況です。「もし宿題をしないと、明日学校で困ったことになるでしょ」と言外ににおわせているわけです。

「義務」を表す他の助動詞との強弱は次のようになります（下に行くほど意味が弱まる）。

You **must** do it at once.
（すぐそれをしなければばならない）
You'**d** [You **had**] **better** do it at once.
（すぐそれをするのがあなたのためだ）
You **ought to** [**should**] do it at once.
（すぐそれをしたほうがいいでしょう）

"must" がいちばん意味が強く、（しばしば権威者がいて）**義務を強要する感じ**がします。友人などに「〜したほうがいいよ」と**助言を与える**場合は "should" がぴったりです。

087 "must" と "have to" をどう使い分けるか

☑ いつも **"must"** = **"have to"** であるとは限りません。

彼は明日彼女に会わ**なくてはいけない**。
He **will have to** [× will must] meet her tomorrow.

"must" と "have to" はだいたい同じように使われますが、**"must"** は
「話し手の主観的命令」 を表し、**"have to"** は **「外からの要因によって生
じる必要性」** を表すと言われています（下の例文1）。

"must" は "have to" に比べて固い表現で、強意的に感じられます。
したがって、社交語としては口語的な "have to" のほうが（特に女性に
対しては）好まれます。また、"must" は他の助動詞と併用できないので、
その場合は次のように "have to" を使います（例文2）。

▶ 1）暗くなる前に戻ってこないとだめですよ。[暗くなると危ないから]
 ➡ You **have to** come home before dark.
▶ 2）彼はおそらく明日彼女に会わなければならないだろう。 ［未来]
 ➡ Probably he **will have to** [× will *must*] meet her tomorrow.

"must" は過去形がないため、代わりに "had to" を使います。

▶ 彼は昨日そこに行かねばならなかった。
 ➡ He **had to** [× must] go there yesterday.

次のような**間接的な言い方**では、過去であってもどちらも使われます。

▶ 私は彼にそこに昨日行くように言った。
 ➡ I told him that he **must** [**had to**] go there yesterday. ［間接話法]

また、どちらも特に be 動詞と用いて「〜であるにちがいない」という
「判断」（☞095項参照）を表しますが、"must be" のほうがよく使われます。

▶ 彼女はうそをついているにちがいない。
 ➡ She **must** [**has to**] **be** telling a lie.

088 「〜できた」という場合 "could" を使ってよいか

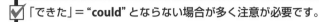

☑ 「できた」＝"**could**" とならない場合が多く注意が必要です。

> 8時間歩いてその村に着くことが**できた**。
> After eight hours' walking, we **managed** [**were able**] **to** [× **we could**] get to the village.

　「**過去の一般的な能力**」を言う場合には、「〜できた」は "could" で表すことができ、"was / were able to" で言いかえることもできます。

▶ 若いころは長い距離を歩くことができた。

　➡ When young, I **could** [**was able to**] walk for a long distance.

▶ 父は3カ国語が話せた。

　➡ My father **could** [**was able to**] speak three languages.

　しかし、「**一回限りの能力**」（ある特定の時に何かをどうにかなしとげることができた場合）にはふつう "could" は使わずに、"**was / were able to**" や "**managed to**"、"**succeeded in -ing**" などで表します。これらに "could" を使うと、「〜できるのに」という**仮定法過去と意味的に混同してしまう**からです。（☞仮定法の could については077項を参照）

▶ 8時間歩いて、やっとその村に着くことができた。

　➡ After eight hours' walking, we **managed** [**were able**] **to** [× could] get to the village.

　➡ After eight hours' walking, we **succeeded in** get**ting** to the village.

　したがって、一般的に言って "could" を次のように "manage" や "succeed" とともに使うことはしません。

▶ 私たちは何とか必要な食糧を確保することができた。

　➡ We **managed** [? *could* manage] **to** secure the necessary food.

▶ 彼は彼女を説得することに成功した。

　➡ He **succeeded** [? *could* succeed] **in** persuad**ing** her.

　なお、"couldn't" は過去の一回限りの能力にも用いることができます。

089 "may＋be" ⇒ "maybe"のように使える場合は？

☑ 他に **"would-be"** などがあります。

> 彼は大リーグ**志望**だ。
> He is a **would-be** major leaguer.

"maybe" が 〈It may be (that) 〜.〉「おそらく〜である」構文の短縮形であることはすでにご承知のことでしょう。助動詞にbeが付いてできている語には他に "would-be" があります。
「〜であることを望む」の意味の形容詞になります。

▶ 彼は大リーグ志望だ。
　➡ He is a **would-be** major leaguer.
▶ 彼女は歌手の卵だ。
　➡ She is a **would-be** singer.

完了形の "have been" がついた "might-have-been" のようなものもあります。ふつうは "the" をつけて複数にして使います。「もしかしたらそうなったかもしれないこと」の意味です。

▶「たられば」を悔やんで時間を無駄にしてはいけない。
　➡ You shouldn't waste time regretting **the might-have-beens**.

また、"could be" は "It could be so." 「たぶんそうだろう」の短縮形です。口語でよく使われます。**"Yes/No"をはっきりと言いたくないとき使える便利なことば**です。

▶「あの人、誘ったらデートしてくれると思う？」「かもね」
　➡ "Do you think he will go out with me if I ask him?"
　　"**Could be.**"
▶「彼女、ほかの男とデートじゃないの？」「そうかもね」
　➡ "She has gone out with another man, hasn't she?"
　　"**Could be.**"

"Will you〜?"と"Would you〜?"はどちらが丁寧か

 "Would you〜?"のほうが丁寧です。

少しお金を貸し**てもらえますか**。
Would you lend me some money?

丁寧さの程度を断定的に言うことは難しいのですが、"Would you〜?"の"would"は仮定法に使われる"will"の過去形で、**「もしよろしければ」という仮定の意味**が含まれています。その分だけ控えめで、かつ丁寧だと言うことができます。

▶少しお金貸してくれるかな。
　⇒ **Will you** lend me some money?
▶少しお金を貸してもらえますか。
　⇒ **Would you** lend me some money?

さらに丁寧に言えば次のようになるでしょう。

▶少しお金をお貸し願えないでしょうか。
　⇒ **Would you please** lend me some money?
　⇒ **Would you mind lending** me some money?
　⇒ **Would you be so good [kind] as to** lend me some money?

助動詞の過去形のほうが丁寧であることは、「依頼」を表す"can"と"could"についても言えます。ただし、"can"は"could"ほど使われません。

▶車貸してくれるかな。
　⇒ **Can you** lend me your car?
▶車を貸してくれますか。
　⇒ **Could you** lend me your car?

"Could you〜?"は、くだけた（informal）依頼を表すのにも使われますが、それだからと言って"Would you〜?"のほうがより丁寧だとは言えません。どちらが丁寧かは次項を参照してください。

☑ 状況などにより、意見が分かれるところです。

何か身分を証明するものを見せて**いただけますか**。
Would [**Could**] **you** show me some identification?

〈丁寧な：丁寧でない (polite: non-polite)〉は、必ずしも〈正式の・形式ばった：略式の・くだけた (formal : informal)〉と等号で結ばれるわけではありません。次の図を見てください。

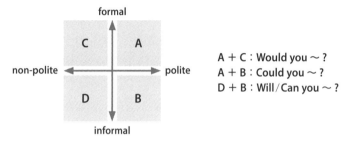

formal

C　　　A

non-polite ←――――――――→ polite

D　　　B

informal

A + C：Would you 〜 ?
A + B：Could you 〜 ?
D + B：Will / Can you 〜 ?

"formal" は必ずしも **"polite"** であるとは限りません。"formal" は非個人的・堅苦しい・冷淡な感じを含みます。一方 "polite" は状況によっては親しみやすい・くだけた感じも含みます。したがって、例えば警官は "Could you〜?" よりも "Would you〜?" を使う傾向があるでしょう。

▶ 何か身分を証明するものを見せていただけますか。

➡ **Would you** show me some identification?　　[C寄りの言い方]
➡ **Could you** show me some identification?　　[A寄りの言い方]

表面は丁寧なようで、実はあつかましい・失礼な態度を「慇懃無礼（いんぎんぶれい）」と言いますが、イントネーションなどによっては、市役所の職員に次のように言われると、慇懃無礼に聞こえるかもしれません。

▶ 私どもはそうした問題は扱っておりません。他のカウンターに行って頂けますか。

➡ We don't deal with matters like that. **Would you please** go to another counter?

"if 〜" の中で "will" を使う場合とは

☑ 相手の意思をたずねる場合などは "if 〜" 中でも "will" を使います。

もし手伝ってくれるなら、とてもありがたい。
If you **will** help us, we'll be very grateful.

「条件・時を表す副詞節の中では will を使わずに、現在形で表す」

これは、文法ルールの定番の一つになっています（☞詳細は153項参照）。確かにそのとおりなのですが、これには「**未来時制を表す will について**は」という条件がついています。したがって、**1）話し手の依頼・要求**を示したり、**2）固執・強情**を示したりする "will" の場合には例外なのです。

▶ 1）もし手伝ってくれる（つもり）なら、とてもありがたい。
　➡ If you **will**［**would**］help us, we'll be very grateful.
▶ 2）どうしてもコートなしに出かけるなら、きっと風邪をひきますよ。
　➡ If you **will** go out without your overcoat, you'll surely catch cold.

1）は、"Will [Would] you help us? Then we'll be very grateful."（手伝ってくれ［いただけ］ますか。それならとても助かります）と言いかえることができます。"will" が "would" であれば、090項でお話したように、より丁寧な表現になります。

2）の固執を表す "will" は、次のように主語が無生物の場合にも使うことができます。

注意すべきは、1）「依頼・要求」では **"will" "would"** とも現在の意味ですが、2）「固執・強情」では **"wouldn't" は過去**を表すことです（☞次の例文2²: if 節中でない例）。

▶ 2¹）もしドアがどうしても開かないのなら、こわして開けようぜ。
　➡ If the door **won't** open, let's break it open.
▶ 2²）ドアは彼らがいくら強く押しても、どうしても開かなかった。
　➡ The door **wouldn't** open, no matter how hard they pushed.

今は picking が横行しているご時世ですから、2¹）のようには言わないかもしれませんが…。

「本当に〜だ」と言いたい場合どうする？

 「強調」を表す助動詞 **"do"** を使うのが簡単です。

僕は**本当に**彼女をホテルの近くで見たんだよ。
I **did see** her near the hotel.

　"do" は疑問文や否定文を作るのに使う他に、**肯定の意味を強調**するのに使います。その場合、**"do" を強く発音**します。文章ではときには斜字体で示されることもあります。また、"did"、"does" と時制・人称も表すことになります。

▶ 僕は本当に彼女をホテルの近くで見たんだよ。
　➡ I *did see* her near the hotel.
▶ 彼女は本当に君のことを愛しているんだよ、秀樹。
　➡ She *does love* you, Hideki.
▶ 「どうして規則的に歩かないの」「毎日ちゃんと歩いているよ」
　➡ "Why don't you walk regularly?" "I *do walk* every day."

　命令文を強調することもあります。また、be動詞とともに使うことができます。(☞ "do" とbe動詞の命令文についての詳細は212項を参照)

▶ 千円でもいいからどうしてもくれよ。
　➡ *Do give* me just one thousand yen!
▶ そうよね、ぜひ新車を買いましょうよ。
　➡ Yes, *do let's get* a new car.
▶ 必ずいい子にしててね、トム。
　➡ *Do be* good, Tom!

More 否定の命令文の強調

否定の命令文を強調するのに、強勢のある "you" を使うことがあります。

私にさわらないでよ。
Don't *you* touch me. （youを強く言う）　　　（☞211項も参照）

094 同じ動詞をくり返さないためにはどうする？

☑ 代わりに **"do"** を使います。

「誰がそれを書いたの？」「トムだよ」
"Who wrote it?" "Tom **did**."

次の応答文を見てください。

" ⁽¹⁾ Do you study English?" " ⁽²⁾ Yes, I **do**. / ⁽³⁾ No, I don't [do not]."

(1) (3) の "do" と (2) の "do" は働きが違います。(3) は "No, I don't study it." と言えますが、(2) は "Yes, I *do* study it." とはふつう言いません（前項でふれた「強調」を表す場合は除きます）。

(2) を言いかえると "Yes, I study it." となります。つまり〈do = study it〉が成り立ちます。

このように、**前に出てきた〈動詞（＋目的語）〉の代わりをする "do"** を文字通り、**「代動詞」**と呼びます。（☞ to不定詞のくり返しを避ける「代不定詞」については135項を参照）

▶「誰がそれを書いたの？」「トムだよ」
  ➡ "Who wrote it?" "Tom **did** (＝ wrote it)."

しかし、次のように**目的語が前出のものと異なるとき**には、新しい目的語は示さなくてはいけません。

▶ その知らせは私と同じくらいに彼女を驚かせた。
  ➡ The news surprised **her** as much as it **did me** (＝ surprised me).
                                                    [her ≠ me]

助動詞も同じような使い方があります。

▶ 子供たちは遅かれ早かれこうしたことを学ぶだろう。成長するためにはそうでなくてはいけない。
  ➡ Children sooner or later will **learn these things**. They **must** (＝ **must learn them**) in order to grow up.

095 "should have done"は「すればよかった」か

 状況よっては「したはずなのに」の意味にもなります。

> 彼は彼女と会え**ばよかったのに**／会っ**たはずなのに**。
> He **should**［**ought to**］**have seen** her.

助動詞はそれぞれ基本的に次の2つの用法をもっています。

① 認識・判断にかかわる用法　　［判断用法］
② 認識・判断にかかわらない用法　［非判断用法］

例えば、"must"「違いない」、"should"「はずである」は判断用法で、"must"「しなければいけない」と"should"「すべきである」は非判断用法です。

ところが〈must＋完了形（have＋過去分詞）〉の形では、"must"の意味は過去の出来事に関する判断用法「したに違いない」だけに限られます。

一方、〈should［ought to］＋完了形〉はどちらの用法「したはずだ（**判断**）／すればよかった（**非判断**）」も可能です。

したがって、まったく違った意味の日本文が、次のように同じ英文になってしまう場合があるのです。

▶ あなたは昨夜彼女といっしょだったに違いない。

　⇒ You **must have been** with her last night.

▶ 1) あなたは昨夜彼女といっしょだったはずだ。

　2) あなたは昨夜彼女といっしょにいればよかったのに。

　⇒ You **should**［**ought to**］**have been** with her last night.

1) の日本語は判断用法、2) は非判断用法にあたります。逆に英語でこう言われて、**どちらの意味にとるかは前後の文脈で決まります**。

〈must＋完了形〉の反対の意味「〜だった［した］はずがない」を表すには〈can't［cannot］＋完了形〉の形を使います。

▶ 彼女が何年もニューヨークに住んでいたなんてはずがないわ。

　⇒ She **can't have lived** in New York for many years.

096 「～したい」は "want to ～" か "would like to ～" か

☑ **"would like to ～"** のほうが「控えめな」意味になり丁寧です。

> ご両親にお目にかかり**たいと思います**。
> I **would** [**should**] **like to** see your parents.

助動詞の過去形が単独で使われる場合（文脈にもよりますが）、**まず過去のことを示すことはありません**（☞088項も参照）。"would [should] like to ～" は仮定法の過去形で、「（もしよろしければ）～したいものです」と、**現在の希望・要求などを婉曲に示す**ものです。

"want to ～" は直接的で、**ときには無作法に聞こえる**ので、目上の人や初対面の人には丁寧な "would like to ～" を使うほうが無難です。

▶ ご両親にお目にかかり~~たいと思います~~。
➡ I **would** [**should**] **like to** see your parents.

以前は "should" と "would" の用法の違いがありましたが、現在では区別なく同じように使われています。いずれにしても、I'd like to ～と縮約形にすれば区別がなくなります。

"should" や "would" のこうした控えめで丁寧な用例をさらにあげておきましょう。

▶ 彼女はたいへん聡明な女性だと思いますがね。
➡ I **should** [**would**] **say** [**think**] she is a very clever woman.

「（もし私の意見を言えとおっしゃるのなら）～と言いましょう [～と考えます]」という感じが含まれています。**控えめに自分の意見を述べるときによく使われる定型表現**です。次のように、挿入したり独立して使うこともあります。

▶ それはたぶん事実ではないでしょうね。
➡ That, **I should** [**would**] **say** [**think**], isn't true.

▶「社長はご心配されているでしょう」「そう思いますが…」
➡ "I expect the president's worried." "**I should say** …"

☑ いくつかの点で違うので使い分けの注意が必要です。

私は（**昔は**）肉が好き**だった**のですが、今は菜食主義者です。
I **used to** [× **would**] like meat, but now I'm a vegetarian.

　過去の習慣を表す助動詞としての "used to" と "would" が、いつも交換可能であると誤解されているふしがあります。次のような点で両者は用法が異なります。

▶ 私は（昔は）肉が好きだったのですが、今は菜食主義者です。

［過去の習慣］

➡ I **used to** [× would] like meat, but now I'm a vegetarian.

　現在と比べて「昔は～だった、以前は～した」と**過去の習慣を表す場合や、過去における状態を表す場合は "would" を使うことができません**。"used to" の後には〈be ＋-ing〉の進行形はふつう続きません。

▶ 昔このあたりに松の木が数本あった（が今はない）。　［過去の状態］
➡ There **used to** [× would] **be** several pine trees around here.

　否定の習慣を表す場合にも "used to" を使います。

▶ 彼は昔は酒を飲まなかった（が今は飲む）。
➡ He ①**used not to** drink / ②**used to not** drink / ③**didn't use to** drink [× wouldn't drink].

　③が現代英語ではもっともふつうに用いられます。②がその次によく用いられ、①はあまり用いられません。
　過去の反復的動作「何度も～した」を表すにはどちらも使われます。"often" などの「頻度を表す副詞」を伴うことが多いようです（位置にも注意）。

▶ 私は母といっしょによくおじの家に行きました。［過去の反復的動作］
➡ I *often* used to [used *often* to / would *often*] visit my uncle's with my mother.

"Must I go?"にどう答えればよいか

✓ **"Yes"** と **"No"** では、その後の助動詞が違います。

「私、行か**ないといけないの?**」「うん、そうだよ/いや、その必要はないよ」
"Must I go?" "Yes, you **must. / No**, you **needn't** [×**must not**]."

　助動詞を含んだ疑問文に対する応答は、次のように疑問文に使われているのと同じ助動詞で答えるのが基本です。

　"Will you come with us?" "Yes, I **will. /** No, I **won't."**

　ところが、そのルールがあてはまらない場合があります。

▶「私、行かないといけないの?」
　「うん、そうだよ/いや、その必要はないよ」
　➡ **"Must I go?"**
　　"Yes, you **must. / No**, you **needn't** [× must not]."

　"must"は「義務・必要」を表しますが、その否定形の **"must not"** は**禁止を表す**ので、"No"の場合は **"needn't"**「**必要がない**」が適切な答え方です。また、**"don't have to"** を使ってもかまいません。
　次のような例にも注意してください。答え方はほぼ決まり文句ですので覚えておくとよいでしょう。

▶「ここにバッグを置いてもいいでしょうか」
　「ええ、いいですよ/いいえ、だめです」
　➡ **"Could** I leave my bags here?" **"Yes**, you **can. /** No, you **can't."**
▶「駅へ行く道をおしえていただけますか」
　「ええ、いいですとも」
　➡ **"Would** you tell me the way to the station?" "Sure, I **will."**
▶「窓を開けてもかまいませんか」
　「できれば、やめていただきたいのですが/ええ、いいですとも」
　➡ **"Would** you mind my opening the window?"
　　"I would rather you didn't. [Yes, I would.] **/ No, not at all."**

　最後の例で、"Yes, I will."「ああ、かまうとも」ではケンカになります。

第7章
There〜構文で言ってみよう!

"**T**here is a book on the desk." という文がわからない人はおそらく本書の読者にはいないと思います。これはたしかに私たちが中学1年生のレベルで学ぶ構文です。しかし、この構文は思いの他に複雑なものです。この仕組みをしっかり理解しておくと、驚くほど多くのことを表すことができます。

例えば、「ふたりの間でもうこれ以上ケンカはいやだわ」は、

"I don't want there to be any more quarrel between us."

と、"want A to do"(Aに〜してほしい)に "There 〜" 構文を組み込んで言い表すことができます。

また、反対に日本語ではbe動詞に相当しない動詞として表されていることを、この "There is / are 〜." で簡単に言い表すことができます。例えば、「天井にハエが止まっている」は "There is a fly on the ceiling." ですみます。

この章を読んでいただければ、"There 〜" 構文の奥深さとその使い勝手の多彩さに、改めて気づかれることと思います。

"A＋名詞"で文を始めるのは変だって？

☑ 「不定」の主語を避けて **"There is ～."** を使うほうが自然な英語です。

> **? A book is** on the desk.　机の上に一冊の本**は**ある。
> ○ **There is a book** on the desk.　机の上に本**が**ある。

　英語では「**新しい情報は文の後ろのほうに来る**」という原則があります。例えば、"A book is on the desk." は文法的には可能ですが、不自然な感じがします。英語では、いきなり "A book" という新しい情報である、「不定」の主語を文頭に置くことを避ける「クセ」があるのです。これが、

The book is on the desk.（その本は［その本なら］机の上にある）

であれば自然な文です。したがって、"a book" のような「不定」の物や人（新しい情報）が「ある・いる」と言いたい場合は、まず "There is" を文頭に置いて、**それによってある物［人］が存在することを示すサイン**とします。その後に不定の主語を続けるのです。この "There" を文法用語では「予備の there」「存在の there」あるいは「導入の there」などと呼んでいます。

There is a book on the desk.（机の上に（一冊の）本**が**ある）

　また、日本語訳の**助詞「が」と「は」の違い**にも注意してください。日本語でも「机の上に本はある」というのは不自然でしょう。少し英語の "a/an" と "the" の違いに呼応する面がありますね。

　"A book is on the desk." と同じように、「犬が門の側にいる」に "A dog is by the gate." も不自然な文ですが（→ **There is a dog** by the gate. が自然な文）、次の文はどうでしょうか。

A dog is a faithful animal.（犬（というもの）は忠実な動物である）

　この場合の "a dog" は "any dog"、つまり、「犬というものは（どのような犬でも）」という意味です。ある不定の犬を指しているのではなくて、犬を総称しているので新しい情報ではないのです。実際、同じ意味で "The dog is ..." と言うこともできます。

"There is the 〜 ."を使う場合とは

☑ 名詞が限定される場合は **"There is the 〜 ."** を使います。

ものごとにはすべて終わりがある。
There is **the** end **of everything**.

前項でお話しましたように、"There is / are 〜" は主語が不定の物や人、すなわち新しい情報を伝える場合に使います。「不定」ですから、"There is / are" に続く名詞に、限定を表す "the" が使われることはふつうありません。

したがって、"The book is on the desk." を "There is the book on the desk." と言いかえることはできません。

しかし、"There is no rule but has some exceptions."（例外のない規則はない）というわけです。次の例文を見てみましょう。

▶ ものごとにはすべて終わりがある。
 ⇒ There is the end of everything.

上の例では〈of 〜〉という前置詞句が "end" を「**限定**」しているため、**"the" がついている**例です。"the leg of a chair"（机の脚）や "the taillight of a car"（車の尾灯）などと同じ用法の "the" です。

一方、"The book is on the desk." の "on the desk." は "The book" の場所を示しているだけで、それを限定しているわけではありません。

また、"same" や形容詞の最上級や序数のように、**習慣的に「どうしても限定を表す "the" を必要とする」**場合があります。（☞ 012項も参照）

▶ コンピュータのプログラムには同じバグがある。
 ⇒ There is the same bug in the computer program.
▶ それをするのに最も簡単な方法がある。
 ⇒ There's the simplest way to do it.
▶ 昨晩この冬の初雪が降った。
 ⇒ There was the first snowfall of this winter last night.

101 物や人を列挙する場合、どう言うか

☑ **"There is the 〜 ."** を使います。

「その都市には何か見るものはあるのだろうか」
「そうですね、城、教会、塔**といったところです**」
"Is there anything to see in the city?"
"Well, **there is the** castle, **the** church, and **the** tower."

例外的に "There is the 〜 ." の構文を使う場合は、前項であげた例の他にも、**「物や人を列挙する場合」** があります。

▶ A:「その都市には何か見るものはあるのだろうか」

　B:「そうですね、城、教会、塔といったところです」

　⇒ A: "Is there anything to see in the city?"

　　B: "Well, **there is the** castle, **the** church, and **the** tower."

上の文では "there is" の後に "the" のついた名詞が続いていますから、形の上では不定ではなくて特定の主語になっていますが、**Aの問いに対しては「新しい情報」** となっています。それらは、Bの答えでは省略されていますが、Aの問いの中にある "in the city" で限定されているので "the" がついていると考えられます。

固有名詞が続く場合もあります。その場合もAの問いに対しては「新しい情報」となっています。

▶ A:「誰が一緒に行くの？」

　B:「そうだな、メアリーと、それからジェーンもだ」

　⇒ A: "Who will go with us?"

　　B: "Well, **there is Mary**, and **there is also Jane**."

> *More* これも列挙の例です。
>
> きみにも理想の（タイプの）女性はあるだろう。
> **There is the woman** of your dreams.　　（☞次項最後の例文も参照）

102 "There 〜" で「そこに」と言いたい場合はどうする?

 "There" を強く言います。

> **そこにあなたのハンドバッグがある。**
> **Thére** is your handbag.

"There's a handbag on the table." (テーブルの上にハンドバッグがある) の文では、"There" は**単に物が存在することを示すサイン**(導入語)で、強勢(ストレス)を受けないで、**弱く** [ðər] **と発音**されます。

ところが「そこに〜がある」と言いたいときは、次のように "There" を [ðéər] **と強く発音**して、**本来の「そこに」という副詞の意味**をもたせます。

▶ そこにあなたのハンドバッグがある。
　⇒ **Thére** is your handbag.

▶ ほら、そこにその男がいる。
　⇒ **Thére**'s the man.

▶ あそこに他の連中がいる。
　⇒ **Thére** are the others!

"There 〜" 構文に「そこに」の意味の "there" を加える次のような言い方もあります。強勢は最後の "there" です。

▶ そこには誰もいなかった。
　⇒ **There** [ðər] was nobody **thére** [ðéər] .

次の文では2通りの解釈が可能です。

▶ **There** is the woman you are looking for.
　⇒ 1) そこにあなたの探している女性がいる。
　⇒ 2) あなたにも探し求めている女性(のタイプ)がいるだろう。

1) のthereは**場所**を表し、強く発音されます。上の例と同じタイプの文です。2) のthereは**存在**を表し、強勢は受けません。"the woman" と特定の主語になっていますが、これは前項で述べた「列挙」を表すものです。

103 "There 〜" は「〜がある」以外にも使えるか (1)

☑ 日本語で「いる・ある」でなくても "There 〜" を使う場合があります。

> 玄関に誰か来ています。
> **There's someone** at the door.

　日本語では「〜がいる」や「〜がある」と表されていなくて、be動詞以外の動詞の意味で表されている場合にも、しばしば "There 〜" 構文を使うことができます。次の日本文と "There 〜" 構文を比べてみてください。

▶ 玄関に誰か来ています。

　➡ **There's** someone at the door.

▶ 壁に美しい絵がかかっている。

　➡ **There is** a beautiful picture on the wall.

▶ 冷蔵庫にジュースは入っているわよね。

　➡ **There's** some juice in the fridge, isn't there?

▶ 優勝者を一目見ようと大変な人出だった。

　➡ **There were crowds of people** who wanted to see the champion.

　下線部の日本語は「いる・ある」でなくても「**存在**」**の意味を含んでい**ることがわかります。また、次のような慣用表現もあります。

▶ もしもし、聞いてる？ ［電話で］

　➡ **Are you there?**

▶ ほらごらん、ぼくの言ったとおりだろう。

　➡ **There you are!** That's exactly what I said.

▶ はいどうぞ。1000ドルです。

　➡ **There you are.** Ten hundred dollars.

▶ 両親と住むよ。しかたがないさ。

　➡ I'll live with our parents, but **there you go**.

▶ 男だってピンからキリまでいるわよ。

　➡ **There are** men **and** men.

　（☞この "and" の用法については**185**項も参照）

☑ 情景描写をするような場合にぴったりです。

台風が**来ています**。
△A typhoon is coming.
○**There's** a typhoon **coming**.

英語では不定の主語で文を始めるのを避ける「クセ」があることを099項でお話しました。したがって、「台風が来ています」に"A typhoon is coming."も文法的には可能な文ですが、やはり不自然な感じがするようです。このような場合も、"There ～"構文を使って次のように言うのが自然な英語です。

➡ **There is** a typhoon **coming.**

全体は

There ＋ be動詞 ＋ (不定の) 主語 ＋ -ing.

という形になります。

まず、"There's"という形で次に主語が来ることを示します。**後に来る新しい情報である主語 (a typhoon) の重要性が浮かび上がるのです。**この点が、意味上の重要性が主語にも述語にも分配されている〈主語＋be動詞＋ -ing 〉の構文と異なっています。

この文型は**情景描写をするような場合にぴったり**と言えるでしょう。

▶ 数人の少年たちが野原でサッカーをしていた。
➡ **There were** some boys **playing** soccer in the field.

上のように、この形はふつう、進行形の意味を含んでいますが、いつもそうだとは限りません。次の場合は進行形を作らない"belong"が使えます。（☞ 062項も参照）

▶ 数人の少年たちがそのチームに属していた。
➡ **There were** some boys **belonging** to the team.

105 "There 〜" は「〜がある」以外にも使えるか (3)

☑ 自然現象や災害などを表すのにもぴったりです。

昨年ヨーロッパでは多くの洪水が起こった。
There were a lot of floods in Europe last year.

「〜が起こる」と聞くと、すぐに "happen", "occur" などを思い浮かべる人が多いと思われます。これらの用法はおよそ次のとおりです。

happen: The accident **happened** on this street.
その事故はこの通りで起こった。

occur: Typhoons often **occur** in late summer.
台風は夏の終わりごろによく発生する。

しかし、「多くの洪水が起こった」を？"A lot of floods happened [occurred]." とはふつう言いません。不定の主語で文を始めるのを避ける意味でも、これは次のように "There 〜" 構文を使えば、簡単に表すことができます。

▶ 昨年ヨーロッパでは多くの洪水が起こった。
　⇒ **There were** a lot of floods in Europe last year.

　一般に、**自然現象や災害などは "There 〜"** 構文を使って表すことができます。日本語と対照して次の例を見てください。

▶ 10年ほど前に大きな地震が関西地方で発生した。
　⇒ **There was** a serious earthquake in the Kansai district about ten years ago.
▶ 昨夜はひどい嵐だった。
　⇒ **There was** a terrible storm last night.
▶ 午後には大雪になるでしょう。
　⇒ **There will be** a lot of snow this afternoon.
▶ 夜には大雨になるかもしれない。
　⇒ **There might be** a heavy rain at night.

☑ 書きことばで自動詞を "**There**" の後に続けることがあります。

丘の上に一本の背の高い樫の木が**立っている**。
There stands a tall oak tree on the hill.

比較的よく出会う表現として、正式な文体や書きことばにおいては、"There" の後に **be 動詞以外の動詞**が続くことがあります。やはり、いきなり「不定の主語」で文を始めるのを避けたい場合です。その場合の動詞は

　① **存在・状態**（live, exist, remain, stand, etc.）
　② **往来・出来事**（come, go, occur, follow, etc.）

などを表す**自動詞**に限られます。行為を表す動詞は使うことができません。

▶ 丘の上に一本の背の高い樫の木が立っている。
　➡ **There stands** a tall oak tree on the hill.　　　［存在・状態］

　新しい情報が先行する "A tall oak tree stands ..." と書くよりもこのほうが natural です。"stand" は「立つ」という行為を表しているのではなく、「立っている」という存在・状態を表しています。さらに他の例をあげましょう。

▶ その夜激しい吹雪がやってきた。
　➡ **There came** a heavy snow storm that night.　　［往来］
▶ 昨日大きな地震が起こった。
　➡ **There occurred** a great earthquake yesterday.　［出来事］

　これらの文は、"There **was** a ..." を用いて書けば、前項でお話した一般的な文体になります。会話や作文ではそちらを使うほうがいいでしょう。

 More 口語では、「場所を表す "there"」に be 動詞以外の動詞が続くことがあります。**人や物に相手の注意を向けるとき**などです。

ほら、あそこにバスが行く。次のバスを待たなくちゃいけないね。
Thére goes the bus. We'll have to wait for the next one.

"There 〜"に過去分詞を使えるか

☑ **-ing**の場合と同じです。

> ボトルにはワインがほとんど**残って**いない。
> **There is** little wine **left** in the bottle.

「ボトルにはワインがほとんど残っていない」は "Little wine is left in the bottle." という受動態で表すこともできますが、この場合も不定の主語 (Little wine) で始めるよりは、"There" を「導入語」として使って、「新しい情報」を後ろに置くほうが、**英語としては自然な感じ**がします。

△ Little wine is left in the bottle.
○ **There is** little wine **left** in the bottle.

注意点としては、〈There + be動詞＋主語＋ -ing〉では〈-ing形〉(現在分詞) を主語の位置と入れかえることはできませんが、**過去分詞の場合** (〈There + be動詞＋主語＋ -ed〉) **にはそれが可能**です。

▶ 英語の歌を歌っている女の子たちがいる。
　➡ **There are** some girls **singing** an English song.
　✕ **There are** some **singing** girls an English song.
　　☞文法的に不可

▶ その部屋では何人かの女の子たちが踊っていた。
　➡ **There were** some girls **dancing** in the room.
　? **There were** some **dancing** girls in the room.
　　☞「その部屋には何人かの踊り子がいた」という意味になってしまう

▶ 木立の中で木の葉がさらさらと音をたてるのが聞こえた。
　➡ **There was** a rustling noise **heard** in the trees.
　➡ **There was heard** a rustling noise in the trees.

▶ 野原には色とりどりのチョウの群れが見えた。
　➡ **There was** a cluster of colorful butterflies **seen** in the field.
　➡ **There was seen** a cluster of colorful butterflies in the field.

Technique

108 「～できない」に "There ～" が使える場合とは

☑ 名詞の代わりに-ing（動名詞）を使っていろいろな言い方ができます。

明日何が起こるかは**わからない**。
There is no telling what will happen tomorrow.

"There ～"構文では"There is "の後はふつう名詞ですが、"There is no -ing."のように〈-ing形〉（この場合は動名詞）が来て、「**～することはできない**」という意味で使えます。

▶ 明日何が起こるかはわからない。
　➡ **There is no telling** what will happen tomorrow.
　＝ It is impossible to tell what will happen tomorrow.
▶ 彼をこれ以上とめることはできない。
　➡ **There is no stopping** him any more.
　＝ It is impossible to stop him any more.

その他にも次のように〈more -ing〉（もっと～すること）が続く形もあります。

▶ 試合をするのではなくてもっと練習することになるだろう。
　➡ **There will be more practicing** instead of playing games.

また、名詞の後に〈前置詞＋-ing〉が続く表現もよく用いられます。

▶ 彼に助けを求めてもむだだよ。
　➡ **There is no use [point] (in) asking** him for help .
　＝ It is no use [good] asking him for help.
▶ 行方不明の登山者を発見する見込みはない。
　➡ **There is no hope of finding** the lost climbers .
　＝ There is no hope that we [they] will find the lost climbers.
▶ 彼女がパーティに来る可能性はあるだろうか。
　➡ **Is there any possibility of her coming** to the party ?
　＝ Is there any possibility that she will come to the party?

109 "There 〜"を現在時制以外に使う場合の注意点は

☑ すべての時制で使うことができますが、構文的な慣れが必要です。

最近、彼女からさっぱり電話が**ないよ**。
There have been no phone calls from her **lately**.

"There 〜"構文では、(be やその他の) 動詞がどのような時制でも使うことができます。ただ、**慣れていないとちょっと使いにくい面がある**ので、ここで練習しておきましょう。

▶ 最近、彼女からさっぱり電話がないよ。
　➡ There **have been** no phone calls from her lately.　　[現在完了]
▶ その後不愉快な沈黙が続いた。
　➡ There **followed** an uncomfortable silence.　　　　　[過去]
▶ 私たちが火星に行ける時がやって来るだろう。
　➡ There **will come** a time when we will be able to go to Mars. [未来]
▶ 彼女の話によると今夜パーティがあるそうだ。
　➡ She says there**'s going to be** a party tonight.　　[進行形：未来]

061 項でもお話したように、この "there" は**形の上では主語**ですので、疑問文の場合には次のような倒置になります。

Have there **been** no phone calls from here lately?
Did there **follow** an uncomfortable silence?

また、"will" 以外の助動詞を使うことも、もちろんできます。

▶ エンジンはどこか具合が悪いにちがいない。
　➡ There **must be** something wrong with the engine.
▶ もう少し待てば酒が出るかもしれない。
　➡ There **might be** drinks if you wait for a bit.
　　　　　　　　　　　　　　　　[仮定法過去：控えめな推量]
▶ 誰かが向こうで待っているはずだが。
　➡ There **should be** someone waiting down there.

110 "There 〜" を使う意外な場面とは

"There 〜" を使えば簡単に表現できる場合がたくさんあります。

> あなたに誰か（から）電話ですよ。
> **There's** someone on the phone for you.

102-105項でもふれましたが、"There 〜" はむしろ「〜がある」の意味以外で使う場面が意外と多いのです。この項では、**"There 〜" 構文を使って簡単に表現できる場面**の例をあげてみましょう。この構文がいかに便利かということがわかるでしょう。

▶ あなたに誰か（から）電話ですよ。
　⇒ **There's** someone on the phone for you.
▶ デパートにはいくつも行列ができていた。
　⇒ **There were** several queues at the department store.
▶ どこかきっと間違っているにちがいない。
　⇒ **There must be** a mistake somewhere.
▶ 池には氷が張っている。
　⇒ **There's** ice on the pond.
▶ ここにテニスコートがあればいいのにね。
　⇒ **I'd like there to be** a tennis court here.
　　☞ 〈I would like 〜 to do〉+〈There is 〜〉の例

さらにいくつかの慣用表現の例をあげておきましょう。文全体を覚えておくと使える場面が多いでしょう。

▶ さあ、歯を磨いて、いい子だから。
　⇒ Brush your teeth — **there's a good boy** [girl].
▶ もしもし、悦子はいますか。[電話で]
　⇒ Hello, **is** Etsuko **there, please?**
▶ ほらまた始まった。そんなふうに愚痴るのはやめなさい。
　⇒ **There you go** [are] **again!** Stop complaining like that.

111 "There〜"が使える面白い表現が知りたい

☑ よく用いられる俗語やイディオムにも "There〜" を使ったものがあります。

頭はからっぽ。
There's nobody home.

英語の俗語 (slang) やイディオム (idiom) には、なかなか気の利いた表現があったり、日本語とよく似ている表現があったりします。

次の表現などは、一度覚えたら忘れられない slang ではないでしょうか。

▶ あいつの頭の中には善意はいっぱいあるが、**中身はからっぽだ**。
➡ There's lots of goodwill in that head, but **there's nobody home**.

ふつうの文脈では、「家には誰もいない」と解釈されますが、上の文脈では「頭はからっぽ」となります。

▶ もしこの仕事を時間どおりに仕上げないと、**本当に一大事**だ。
➡ If I don't get this job done on time, **there'll be hell to pay**.

"hell to pay" を直訳すれば、「代価を支払わなくてはならない地獄 (のような問題・もめごと)」です。ですから「地獄みたいになるよ」と訳しても、当たらずと言えども遠からずでしょう。

筆者はオーストラリアを旅行しているときに、クリケットの試合がテレビで中継されているのをよく目にしました。「どこが面白いのか。野球のほうがよっぽどましだろう」と、隣りの見知らぬ Aussie に言ったところ、みなさんご存知の文句が返ってきました。

There is no accounting for tastes. (蓼食う虫も好きずき)《諺》

諺はしばしばパロディの種にもなります。Sherlock Holmes のことは今さら説明するまでもないでしょう。

There is no **place** like **home**.　　(我が家にまさる所はない)
There is no **police** like **Holmes**.　(ホームズにまさる警察はない)

第8章
受動態を使う、その前に

受動態とは、能動態の書きかえだと思っている人がいるかもしれません。しかし、受動態を用いる場合には、それなりの理由があるのです。実際にはどちらの態でも表すことができる場合には、能動態を用いるのがふつうです。この章では、こられの点にまず焦点を当てています。

〈be動詞＋過去分詞〉以外で受動態を作る場合、すなわち準動詞の受動態も扱っています。準動詞の場合には、能動態でも受動態でも基本的に同じ情報を伝えるものがあります。

また、同じ内容を伝えるのに、日本語と英語とでは態が異なることがあります。例えば、感情や心理を表す動詞は、日本語では「驚く」のように能動的に表しますが、英語では"be surprised"という受動態で表します。

自国語と外国語には共通点もあれば相違点もあります。それらを十分に理解することによって、外国語の学習は一歩先に進むことができるでしょう。

能動態と受動態のどちらを選べばよいのか

☑️ 同じ情報を伝える場合には、私たちの視点で選びます。

一郎はもうブラッキーにエサをやったのかな？
Has **Ichiro fed Blackie** yet?
ブラッキーはもうエサをもらったのかな？
Has **Blackie been fed** yet?

　同じ情報・内容を伝えるのに、能動態でも受動態でも表すことができる場合があります。そのとき、**どちらを選ぶかは私たちの態度あるいは視点によります**。

　例えば、あなたの家にブラッキーという名前の犬がいるとします。それは息子の一郎の犬で、いつもは一郎がエサをやるのですが、時々やり忘れることがあります。夜帰宅したあなたは次の2種類の問いを発します。

▶ 1) 一郎はもうブラッキーにエサをやったのかな？

　➡ Has **Ichiro fed Blackie** yet?　　[能動態]

▶ 2) ブラッキーはもうエサをもらったのかな？

　➡ Has **Blackie been fed** yet?　　[受動態]

　1)の場合、あなたは、一郎が自分の仕事（ブラッキーにエサをやること）をちゃんとやったかどうかが、2)の場合、ブラッキーがともかくエサをもらったかどうかが気になっています。

▶ 3) 私はそのペンを彼女にあげました。

　➡ I **gave that pen to her**.　　　　[能動態]

▶ 4) 彼女はそのペンをもらいました。

　➡ She **was given that pen** (by me).　[受動態]

　3) では、私がそのペンを、他の誰かではなく彼女にあげたと言いたいのです。4) では、彼女がもらったのは、他のものではなくそのペンだったと言いたいのです。第7章で述べたように、英語では「新しい情報は文の後ろのほうに来る」という性質があります。受動態も、この原則にそって情報を並べなおしたものと言えるでしょう。くわしくは次項を参照してください。

どんな場合に受動態を使うのか (1)

✓ 例えば、〈旧情報＋新情報〉という語順にするためです。

> 「このすばらしいプロジェクトは誰が企画したのかね」
> 「（企画したのは）**有能な若い女子社員です**」
> "Who drew up this great project?"
> "It was drawn up **by an able young female employee.**"

第7章 (There〜構文) でもお話しましたが、英語の文には、**すでに知られている旧い情報を文の始めのほうに置き、新しい、重要な情報は文の後ろのほうに置く**という性質があります。そうした視点から受動態が使われる場合がかなりあります。

▶「このすばらしいプロジェクトは誰が企画したのかね」
　「有能な若い女子社員です」
　➡ "**Who** drew up this great project?"
　　—"It was drawn up **by an able young female employee.**"
　　—"An able young female employee (did)."

疑問文は能動態になっていますが、答えの文では、旧情報である "this great project" を主語 (It) にして受動態の文になっています。"Who" の答えである新しい情報の "an able young woman employee" が **"by ..."** によって、**焦点化されて、強調されています。**

もちろん、新情報 "An able young female employee" から始まる能動態の文で答えるやり方もあります。特に会話など、答えを早く相手に伝える必要がある場合などは、こうした受け答えも頻繁に用いられます。

次は逆に、新情報で始まる受動態による応答が不自然な場合です。

▶「ジャックは何をしたの？」「彼は塀にペンキを塗ったよ」
　➡ "**What** did Jack do?"　"He **painted the fence.**"
　　　　　　　　　　　　　? "The fence was painted by him."

"the fence" は "the" がついていますが、まだ二人の会話に出てきていない新情報です。

114   どんな場合に受動態を使うのか (2)

 例えば、責任を回避したいときに使います。

> いくつかの苦情が**表明されてきました。**
> Several complaints **have been registered**.

「この問題は早急に検討されるべきものだと、私は承知しております」
などという言い回しは、日本の国会で大臣などが答弁するときによくき
かれるものです。下線部はいったい誰によって検討されるべきものかが
(意図的にか) ぼやかされています。

英語でも、**責任の所在をはっきりさせたくないとき**に、受動態を使い
ます。能動態では主語を省略することができませんが、受動態ならby
以下を省略しても文法的に問題は生じません。

▶ 1) いくつかの不満が表明されてきました。
  ⇒ Several complaints **have been registered**.

▶ 2) あなたの請求書には誤りがございました。
  ⇒ A mistake **has been made** in your bill.

1)は社の方針に対して社内で不満がある場合、累が及ばないようにと、
不満分子の名前がわかっていてもあえて言及しないで、不満があること
だけを上司に伝える部下といった場面です。

2) は請求書を作成した側に誤りがあるのは明らかなのに、まるで天
災にでもあって誤りが生じたかのような言い草です。

動作主の責任をはっきりさせたくないというのは、人間の本能かもし
れません。

More 「遠慮・気がね」の受動態

遠慮・気がねなどのために、1人称の主語を避けて受動態にすることも
多いようです。

その問題についてはここでもう十分に話しました。
Enough **has been said** here on the subject.

どんな場合に受動態を使うのか (3)

✓ 例えば、動作の主が不明、あるいは、動作の主に関心がない場合です。

私の祖父は第二次世界大戦で**亡くなりました**。
My grandfather **was killed** in World War Ⅱ.

動作の主が不明な場合、能動態で表すことがほとんど不可能なものがあります。したがって、〈by ...〉も示されません (☞117項を参照)。

▶ 私の祖父は第二次世界大戦で亡くなりました。

   ⇒ My grandfather **was killed** in World War Ⅱ.

▶ 彼は自動車事故でけがをした。

   ⇒ He **was injured** in a car accident.

▶ イラクの多くの都市では水が十分に供給されていない。

   ⇒ A lot of cities in Iraq **aren't well supplied** with water.

   ☞supply A with B「AにBを供給する」の受動態

▶ 車は砂漠を走行できる装備がなされていた。

   ⇒ The car **was equipped** for driving in the desert.

さらに、動作の主に関心がなくて、**動作自体、および動作を受けた側に関心がある場合**です。この場合も〈by ...〉は示されません。

▶ これらの宮殿は紀元前2000年ごろに建てられました。

   ⇒ These palaces **were built** around 2000 BC.

▶ この事件についてはこれまでに非常に多くの本が書かれています。

   ⇒ A great many books **have been written** on this incident.

    ☞a great many「非常に多くの」

More 能動態・受動態どちらでも言える場合

同じ主語で同じ内容を能動態・受動態のどちらでも表すことができる場合があります。

アメリカ合衆国は多くの民族から成り立っています。
The United States of America **consists** [**is made up**] **of** many peoples.

---

116 どんな場合に受動態を使うのか (4)

☑ 例えば、客観的な態度を保ちたい場合です。

政治情勢は危機的であると**信じられています**。
It is believed that the political situation is critical.

受動態は**意見を客観的・非個人的なものに見せる**のに使うことができます。「これは私の個人的な意見ではなくて、客観的にそうだということです」といった含みをもたせるものです。

▶ 政治情勢は危機的であると信じられています。

➡ It **is believed** that the political situation is critical .

政治的に中立を保つことが必要な場合、〈I believe that ...〉と言うよりは、〈It is believed that ...〉と言うほうが動作の主が明示されていないだけに、無難です。"It" は "that ..." を指す形式的な主語です。

また、**科学・技術などの場合**にも、過程や実験の手順に重点を置いて客観的な記述を印象づけるのに受動態が適しています。

▶ この物質はカルシウムを含んでいることがいくつかの研究によって示されています。

➡ It **has been shown** in several studies that this material contains calcium .

▶ 最初の本格的な実験は 1973 年に行われた。

➡ The first serious experiments **were carried out** in 1973.
　　☞carry out については 072 項の例文も参照

More 受動態を副詞で言いかえる

受動態を文修飾の副詞 (☞176 項参照) で表すこともできます。

報じられているところでは、彼はまだ生きている。
It is reported that he is not dead.
He is **reportedly** not dead.

〈by ...〉はいつも必要か

Technique
117

☑ **いいえ、ほとんどの場合、不必要です。**

> **インドでは**いくつもの公用語が**話されている。**
> Several official languages **are spoken in India.**

　これまであげた例文には113項を除いて〈by ...〉がないことにすでに気づかれたことと思います。実際、**受動態の文の80%には〈by ...〉がない**と言われています。その理由はこれまでで述べてきたように、動作の主が不明だったり、責任を回避するためだったり、客観的な態度を示すためだったりします。

▶ 1) インドではいくつもの公用語が話されている。
　➡ Several official languages **are spoken in India.**
▶ 2) ハーバード大学は1636年に創立された。
　➡ Harvard **was founded in 1636.**

　1) では "in India" から動作の主が〈by the people living in India〉であることは自明で、また "Several official languages" に関心が置かれているために、〈by ...〉が省略されています。
　2) では創立者が誰であるかということよりも、大学がいつ創立されたかが大事な情報なので、〈by ...〉が示されていません。
　しかし、〈be known by ...〉「…によって見分ける」のような**一種のイディオムになっているものは、〈by ...〉は省略できません。**

▶ 人はつき合う友を見ればわかる。
　➡ A man **is known by** the company he keeps.《諺》

　次の〈by ...〉は動作の主ではなくて、**単位**を表しています。〈**by the ＋単位を表す語**〉の形で使うので覚えておきましょう。

▶ 市場では砂糖は1ポンド単位で売られている。
　➡ Sugar is sold **by the** pound at the market.
▶ 米国で働いている私の姉は週給です。（1週間単位で支払われている）
　➡ My sister working in USA is paid **by the** week.

"This bed was slept in by him." は OK か

☑ **"him"** が誰かによります。〈**by** ...〉をいい加減に使ってはいけません。

> このベッドは**ベッカムが**寝たものです。
> This bed was slept in **by Beckham**.

　受動態にできる元の文は、基本的には〈動詞＋（前置詞＋）目的語〉の形（なかには2つの目的語をとるものもあります）が必要です。しかし、この形がすべて受動態にできるとは限りません。

▶ 1) 奈良や京都には毎年何百万人もの観光客が訪れる。

　⇒ Nara and Kyoto **are visited** *by millions of tourists* every year.

▶ 2) 奈良と京都に私は昨年訪れた。

　? Nara and Kyoto **were visited** *by me* last year.

　⇒ **I visited** Nara and Kyoto last year.

　受動態の文では、**主語が〈by ...〉つまり動作の主の行為によって何らかの影響を受けること**が考えられます。多くの観光客が訪れることによって、奈良や京都が影響を受けることは十分に考えられますが、私ひとりが訪れたことで影響を受けるとは考えられません。したがって、1) では受動態が可能ですが、2) では能動態しか成立しません。

　次の例も同様です。

▶ 3) このベッドはぼくが寝ているものです。

　? This bed **is slept in** *by me*. ［受動態は不自然］

　⇒ I **sleep in** this bed.

▶ 4) このベッドはベッカムが寝たものです。

　⇒ This bed **was slept in** *by Beckham*.

　有名人でもない、ただの一般人である自分がいつも寝ている場所としてのベッドでは何の影響力も及ばないので、英語の感覚では不自然な受動態になります。ところが、かのベッカム様が寝たということになると、**特別な意味・プレミアム**がつきます。このベッドは一躍「お宝」に昇格するという影響を受けたことになり、受動態は許容できるものに聞こえてくるのです。

119 "Japanese Spoken Here"は受動態か

✓ はい、掲示や警告などには **be**動詞を省略した受動態がよく使われます。

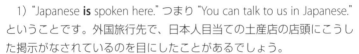

当店では日本語が**通じます**。
JAPANESE **SPOKEN** HERE.

受動態は掲示・警告などによく使われます。その場合、**be動詞の部分を省略する**ことがよくあります。

▶ 1) 当店では日本語が通じます。

　➡ JAPANESE **SPOKEN** HERE

▶ 2) 釣銭ありません。

　➡ NO CHANGE **GIVEN**

▶ 3) 18歳未満入場禁止。

　➡ CHILDREN UNDER 18 **NOT ADMITTED**

　　☞ "**under**"はその数を含まない「未満」の意味であることに注意

1) "Japanese **is** spoken here." つまり "You can talk to us in Japanese." ということです。外国旅行先で、日本人目当ての土産店の店頭にこうした掲示がなされているのを目にしたことがあるでしょう。

2) は "No change **is** given." つまり、"We can't give you change." ということです。例えば、バスに乗ったとき、その運賃は釣銭のいらないように支払うようにと警告しています。

3) は "Children under 18 **are** not admitted." です。映画館やビデオ店のアダルトコーナーなどに見られる掲示です。

▶ 遺失物取扱所

　➡ The **Lost** and **Found**（Office）

上の掲示は駅の構内などによく見かけます。これは "We keep things here that **have been lost and found**."「ここではなくして見つかったものを保管しています」という意味です。

☑ 〈**get ＋過去分詞**〉がありますが、もちろんニュアンスは異なります。

彼は覚せい剤所持で**つかまった。**
He **got arrested** for the possession of pep pills.

受動態には**状態を表すもの**と、**動作を表すもの**があります。次の1)
は状態を、2)は動作を表します。このように言われたとき、その違いは
文脈によって判断することができます。

▶ 1) ドアが閉まっていたので彼女は店に入れなかった。[状態]
　➡ She couldn't get into the shop because the door **was closed**.
▶ 2) 彼女はいつドアが閉められたのか知らなかった。　　[動作]
　➡ She didn't know when the door **was closed**.

　動作を表す受動態では〈be ＋過去分詞〉に代わって、〈get ＋過去分詞〉
が使われることがあります。これは前者よりも**くだけた言い方**で、形式
ばった文体では避けられます。

▶ 彼は覚せい剤所持でつかまった。
　➡ He **got arrested** for the possession of pep pills.
▶ 彼女はあまりにもしばしば招かれたのでうんざりした。
　➡ She **got invited** so often that she **got fed up** with it.
　　☞ be fed up with「〜に飽き飽きしている」（123項の例文も参照）

〈get ＋過去分詞〉の形は**主語の人・物が何らかの（悪い）影響・被害を
被るとき**によく使われます。

▶ 裸足で歩くと、ヘビに噛まれるかもしれないよ。
　➡ If you walk barefoot, you may **get bitten** by a snake.
▶ 少年はイヌを家につれて帰るたびに叱られた。
　➡ The boy **got scolded** every time he brought a dog home.

　これらの "get" は動詞としての意味を完全に失っていて、"be" と同
じように**一種の助動詞**のようになっています。

121 〈be＋過去分詞〉以外に受動態を作るものは (2)

☑ 〈**have**［**get**］＋目的語＋過去分詞〉の形に要注意です。

私は昨晩自転車**を盗まれた**。
I **had**［**got**］my bike **stolen** last night.

「私は昨晩自転車を盗まれた」のような文は、下線部にひきずられて
つい、× "I was stolen my bike last night." と言ってしまいがちです。こ
れは文法的には成立しません。次のように言わなければなりません。

▶ 私は昨晩自転車を盗まれた。
 ⇒ I **had**［**got**］my bike **stolen** last night.
 ⇒ My bike **was stolen** last night.

この 〈have［get］＋目的語＋過去分詞〉は **1**)「～される」(**受身・被害**)
を表すほかにも、**2**)「～してもらう」(**使役**) を表すことがあります。

▶ 1) 彼は私の車を盗まれた。　　　　　　　［被害］
▶ 2) 彼は (他の人に) 私の車を盗ませた。［使役］
 ⇒ He **had**［**got**］my car **stolen**.

上の日本文1)、2) は英訳すると同じになってしまいます (☞ この区別
については 125–127 項を参照)。

しかし、どちらの意味でも、〈目的語＋過去分詞〉のつながりの中に
は **〈目的語＋be動詞＋過去分詞〉という受身の関係**が含まれていること
に注意してください。〈my car *was* stolen〉の関係です。

次の例では同じ内容を能動・受動の両方で表しています。

▶ 彼はサッカーをしていて足を折った。
 ⇒ 1) He **broke** his leg while playing soccer.
 ⇒ 2) He **got** his leg **broken** while playing soccer.

1) も 2) も「足を折った」ことには違いはありませんが、1) は**主語の
主体性**が感じられます。危ないと知りながら、そのプレイをやって、そ
の結果足を折ったという感じです。

2) は後ろからタックルを受けて足を折ったという**被害者の感じ**です。

☑ 能動態で受動態のような意味になる動詞があります。

> この物語はおとぎ話のように**読める**。
> This story **reads** like a fairy tale.

日本語の字面からすると受動態のように聞こえる文が、英語では能動態で表されている場合があります。

▶ この物語はおとぎ話のように読める。
⇒ This story **reads** like a fairy tale.

「読める」は "can be read" というニュアンスがありますが、英語では上のように言うことができます。そしておそらくネイティブスピーカーは、この文が受動態的であるという気がしていないでしょう。

これとは別に、次のようにちゃんと受動態の言い方もあります。

▶ この物語は寓話として広く読まれている。
⇒ This story **is widely read** as an allegory.

最初の "read" と同じように、私たち**日本人には受動と感じられる自動詞**には、他に次のようなものがあります。

▶ 彼女の最初の本は本当によく売れている。
⇒ Her first book **is selling** very well.
▶ このナイフはよく切れない。
⇒ This knife doesn't **cut** well.
▶ すぐに皮がむけるのでその子はバナナが好きだ。
⇒ The child likes bananas because they **peel** easily.
▶ これらのジーンズはよく洗濯がきく［洗っても傷まない］。
⇒ These jeans **wash** well.
▶ このカーテンはうまくかけられる。
⇒ These curtains **hang** nicely.

これらの構文はふつう、否定文か様態を表す副詞(句)（上の "like a fairy tale" や "well", "easily" など）を伴って用いられることに注意してください。

123 「日本語で能動態」⇒「英語で受動態」、はあるか

☑ 感情や心理などを表す場合によくそうなります。

彼女がそんなことまでやる覚悟だとは、彼は**驚いた**。
He **was surprised** that she was prepared to do such a thing.

前項とは逆に、日本語では能動的に表されている文が、英語では受動態になる場合があります。それは「**感情・心理**」を表す動詞に多く見られます。

そして、これらの動詞の過去分詞は**ほとんど形容詞、あるいは形容詞に近いもの**として考えられています。こちらの過去分詞とともによく用いられて**イディオムを形づくる前置詞**や、後に**that**節や**to**不定詞や前置詞句が続く形（以下の網掛け部分）などにも注意してください。

▶ 彼女がそんなことまでやる覚悟だとは、彼は驚いた。
　➡ He **was surprised** that she was prepared to do such a thing .
▶ 彼女が日本を発ったことを知って私はショックだった。
　➡ I **was shocked** to learn that she had left Japan.
▶ きみはあの娘に興味があるんじゃないの？
　➡ You **are interested** in that girl , aren't you?
▶ ジョー坊やはコンピュータゲームに夢中だ。
　➡ Little Joe **is absorbed** in a computer game .
▶ やつにはうんざりするよ。
　➡ I'm **fed up** with that guy .
▶ 私は彼女が誠実であることをまったく確信している。
　➡ I'm totally **convinced** of her sincerity .

「**被害**」を表す場合にも受動態にするのがふつうです。

▶ 彼は車の衝突事故で亡くなった。
　➡ He **was killed** in a car crash .
▶ 大雪で列車が遅れた。
　➡ The train **was delayed** by the heavy snow .

過去分詞はつねに受動の意味か

☑ いいえ、能動の意味を表すものもあります。

あの**落ち**葉を見てごらん。冬はすでに**来ている**のだ。
Look at those **fallen** leaves. Winter **is** already **come**.

　形容詞的に使われる過去分詞（☞前項）が受動の意味を表すのはふつうですが、能動の意味を表すこともあります。**自動詞の過去分詞が〈be動詞〉とともに使われると完了の意味**になり、また**形容詞的に使われると能動の意味**を表します。

▶ 1) あの落ち葉を見てごらん。冬はすでに来ているのだ。
　➡ Look at those **fallen** leaves. Winter **is** already **come**.
▶ 2) トムおじさんはここ数年ですっかり変わってしまった。
　➡ Uncle Tom **is** terribly **changed** these few years.

　1)の "fallen leaves" は「落とされた葉」ではなくて、「落ちてしまっている葉」です。また、"is come" は "has come" と同じ意味です。
　2)の "is changed" も "has changed" と同意です。〈be動詞＋（運動・変化などを表す）自動詞の過去分詞〉は、今では動作の完了よりも**現在の状態を強調する表現**として使われます。上の2例も現在の状態を強調しています。
　もともとは他動詞の過去分詞で受動の意味のあったものが、能動の意味をもって、形容詞的に使われている例もあります。

a cultivated man　　教養のある男性
a learned woman　　学識のある女性　☞ [lə́:rnəd] と発音
a well-read scholar　博識な学者

More be gone「行ってしまった」

アメリカ民謡の歌詞の一節に次のようなものがあります。"when" 以下が "the days" を修飾して主語が長くなったので、"gone"（「行ってしまった」という完了の意味）が文頭に出てバランスをとっています。

♪私の心が若くて陽気だった日々は過ぎ去ってしまった。♪
♪ **Gone are the days** when my heart was young and gay. ♪

第9章
準動詞だけの微妙なニュアンス

不定詞・動名詞・分詞を合わせて準動詞と呼びます。「動詞に準ずる」働きをするものという意味です。ご存知の通り、この準動詞は一筋縄ではいかない複雑な面があります。

しかし、準動詞のルールを正確に知っておくことは英語の理解にとても役立ちます。不定詞にはto不定詞と原形不定詞、分詞には現在分詞と過去分詞があり、それぞれ用法が違います。to不定詞と動名詞はどちらも名詞の役割を果たしますが、用法やニュアンスは当然異なります。それぞれの準動詞のニュアンスや意味合いの違いがわかれば鬼に金棒でしょう。

また、分詞構文は学校文法における定番の一つですが、実際にも非常によく用いられています。分詞構文を用いた文体の簡潔さ・暗示的な意味合い（あいまいさ）などをそのまま体感できるようになることは、英語学習上の大きな喜びの一つです。

この章では準動詞の多くのルールや構文の中で、学校文法ではあまり扱わない、さまざまなニュアンスについて焦点を当ててみました。

"have"は「してもらう」か「される」か

✓ 場合によって**3通り**の意味になります。

He **had** his hair **cut.**
彼は髪を①刈ってもらった［②刈らせた］／③刈られた。

121項でも少しふれたように、〈**have**＋目的語＋過去分詞〉は、

1）使役「〜を…してもらう［…させる］」
2）受身「〜を…される」

の2つの意味が区別されます。例えば、"He had his hair cut." という文（cut
は過去分詞）は文脈や状況により次のように3通りの意味を表します。

▶ 1¹) He **hád** **his hair** **cut** *at his usual barber's.*
　➡ 彼は行きつけの床屋で髪を刈ってもらった。

▶ 1²) He **hád** **his hair** **cut** *by his own barber.*
　➡ 彼はお抱え理髪師に髪を刈らせた。

▶ 2) He **had** **his hair** **cut** *before he was thrown in jail.*
　➡ 彼は投獄される前に髪を刈られた。

1）の2つの文はともに「使役」を表し、本質的な差はありません。1¹)
は一般の人に、1²) は例えば王様や大富豪にあてはまるでしょう。主語
の態度や文脈（斜字体の語句）に示される社会的地位などの関係によっ
て「してもらう」になるか「させる」になるかの差だけです。

2）はあやまちを犯した茶髪の若者がいやいやながら頭を丸められる
といった場合です。1) 使役と2) 受身の区別は、**主語の意思の有無**にあ
ります。

1）では主語は "his hair was cut" を望んでいますが、3）では望んでい
ません。**1) の "had"** にはともに［hǽd］と強勢が置かれますが、**2)** に
は置かれず［həd］と弱く言います。

次の文がふつう使役「〜を…してもらう」の意味をもたないことは言
うまでもないことでしょう。

▶ She **had** **her purse** **stolen** in the train.
　➡ 彼女は電車の中で財布を盗まれた。（**?**盗んでもらった）

126 〈have＋目的語＋過去分詞〉の表す「完了」とは

☑ ふつうの〈完了形〉よりも、完了後の状態の継続をはっきり示します。

彼女は**仕事を終えました**。
She **has her work done**.

　前項で、〈have＋目的語＋過去分詞〉には、使役と受身の意味がある
ことをお話しましたが、この形は他に**完了「〜してしまう」の意味**も表
すことがあります。

▶ 彼女は仕事を終えました。
　➡ 1) She **hás** her work **done** . 　[have＋目的語＋過去分詞]
　➡ 2) She **has dóne** her work. 　[have＋過去分詞＋目的語]

　どちらもほとんど同じ意味ですが、1) は **"has"** に強勢を置いて言い、
〈her work *is* done：彼女の仕事は終わっている〉という状態を「もって
いる」という、**完了後の状態の継続をはっきりと示す**という点で、2) の
完了形〈have＋過去分詞＋目的語〉とは差があります。2) では **"done"**
に強勢を置いて言います。

　もっとも、こうした微妙なニュアンスはネイティブスピーカーでない
と、なかなかつかめないことは確かです。

　歴史的に言えば、1) の形のほうが先にありました。2) のような〈完
了形〉は1) から発達したものです。1) に次のような文脈（斜字体の語句）
が加われば、前項で説明した使役の意味になります。

▶ 彼女は自分の仕事を姉にやってもらった。
　➡ She **hás** her work **done** *by her big sister*.

　したがって、文字で読む場合は、基本的には**文脈によって使役・受身・
完了の意味を判断する**ことになります。

　完了を表す頻出例をもう1つあげておきましょう。

▶ これを終わらせてからきみを手伝うよ。
　➡ I'll **háve this finished** and then I'll help you.

127 〈have＋目的語＋動詞原形・現在分詞〉はどう使うか

☑ 使役、体験・受難、許容などを表せます。

> 彼女は**彼に訪ねてこられる**のが本当にいやだった。
> She really hated to **have him call** on her.

"have" には〈have＋目的語＋動詞原形・現在分詞〉の形もあります。その意味は、これも基本的には文脈によるのですが、「〜させる」（**使役**）、「〜される」（**体験・受難**）、「〜させておく」（**許容**）などがあります。

▶ 1）彼はいつもの床屋に髪を刈ってもらった。

⇒ He **had** his usual barber **cut** his hair . (☞125項の例文と比較のこと)
= He **got** his usual barber **to cut** his hair .

▶ 2）彼女は彼に訪ねてこられるのが本当にいやだった。

⇒ She really hated to **have** him **call** on her . ☞call on「（人）を訪ねる」

1）は**自らの意思**で床屋に行ったのですから、「使役」の意味になります。この "cut" は動詞の原形（原形不定詞☞133項）で、125項の例文1¹）〜2）（"cut" は過去分詞）とは「させる」対象が異なるので要注意です。

また、これらの "have" の代わりに "get" を使うこともできますが、その場合は "**to** cut" と〈to不定詞〉になります。

2）は例えば、別れたはずのモト彼がしつこく「自分を訪ねてくる」という場合です。**不愉快な体験を「もつ」（have）**（☞前項）ことから、「彼に訪ねてこられる」という**受難の意味**が生じます。

次は「許容」の意味です。ふつう〈I won't have …〉の形で用います。

▶ 私はおまえをぶらぶらさせる［させておく］わけにはいかない。

⇒ I won't **have** you **idle** [**idling**] around .
☞idle around「ぶらぶらする」

近頃はこんなふうに自分の子供に意見できる親はめっきり少なくなりました。**原形不定詞の場合は一般論的**です。例えば、卒業を間近に控えてもいっこうに就職に関心を示さない子供に向かって言うような感じです。

現在分詞は一時的な話です。すでに卒業してしまったけれども、フリーターでその日暮らしをしている子供に向かって言うような感じです。

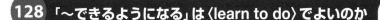

128 「～できるようになる」は〈learn to do〉でよいのか

✓ 〈learn how to do〉との使い分けが必要な場合があります。

男の子は泳ぎ**方を習った**が、うまく泳げる**ように**はならなかった。
The boy **learned how to** swim, but he didn't **learn to** swim well.

基本的に〈learn to do〉には以下の2つの意味があります。

①「～することを習い覚える」
②「(努力・訓練・経験によって) ～する [できる] ようになる」

この区別はむずかしいのですが、①の意味になる場合には、〈learn how to do〉と言いかえることができます。

▶ 男の子は泳ぎ方を習ったがうまく泳げるようにはならなかった。

⇒ The boy **learned** how to swim , but he didn't **learn** to swim well.

上の例では (特にhowに強勢を置くと) 意味の区別がはっきりします。両者を交換して言いかえることはできません。

〈learn how to do〉は〈learn -ing〉で言いかえることができます。

▶ 彼は料理を習いに夜間のクラスに通っている。

⇒ He goes to evening classes to **learn** cooking .

もう1つ同じような例をあげてみましょう。これは本書を校閲してくれたバーナード先生が、読者のために与えてくれたadviceです。

▶ 英語の話し方を学ぶこと (英語の文法・単語・理論を学ぶこと) は意味がない。実際に英語が話せる (口を開けてものを言える) ようにならなければいけない。

⇒ There is no point **learning how to speak English** (= learning the grammar, words, theory of English); you must **learn to actually speak it** (= open your mouth and say things).

☞ There is no point (in) -ing「～しても意味がない (☞108項)

129 to不定詞と-ingは置きかえることができるか（1）

☑ いつでも置きかえられるわけではありません。

私の趣味は貝の**収集**です。
My hobby is **collecting** [? **to collect**] shells.

〈to不定詞〉と〈-ing形〉（動名詞）はともに名詞の働きをし、「～すること」の意味で動詞の目的語になったり、be動詞の後で用いること（補語）ができます。しかし、この2つは**いつも置きかえ可能というわけではありません**。

次の例では、〈to不定詞〉と〈-ing形〉は置きかえが可能です。

▶ 失恋したことを嘆いてもむだである。
  ➡ It's no use [good] **crying** [**to cry**] over your broken love. （☞108項）

▶ こんなふうにあなたといっしょにいるのは本当にすてきだわ。
  ➡ It's so nice **to be** [**being**] with you like this.

しかし、**一般的・習慣的・固定的なことがらを述べるときには〈-ing形〉**を、**個別的なことを述べるときには〈to不定詞〉**を使う傾向があります。

▶ 1）私の趣味は貝の収集です。
  ➡ My **hobby** is **collecting** [? to collect] shells.
▶ 2）私が日本に来た目的はあなた方にフランス語をおしえることです。
  ➡ My **purpose** in coming to Japan is **to teach** [? teaching] you French.

1）**趣味のように習慣的なこと**を言う場合には〈-ing形〉が適切です。

2）は、"I **wanted to** teach you French, so I came to Japan." と言いかえられます。1）を同様に "I *want to* collect shells." とすると、これから集めることになってしまい、やはり〈-ing形〉が適切なことがわかります。

また、動詞によっては〈to不定詞〉だけを目的語にとるものと、〈-ing形〉だけを目的語にとるものがあるので、注意が必要です。

▶ あなたとご一緒できてとても楽しかったわ。
  ➡ I really **enjoyed** **being** [× to be] with you. （☞131項参照）

130　to不定詞と-ingは置きかえることができるか（2）

✓ 置きかえ可能でも、ニュアンスの変わる例がいろいろあります。

その絵を**見ればきっと好きになるだろう。**
To see the picture is **to like** it.

〈**-ing形**〉は**一般的・習慣的・固定的なことがら**を表すのに適しています。また、〈**to不定詞**〉は**より具体的・個別的・即時的**です。

▶ その絵を見ればきっと好きになるだろう。
　⇒ **To see** the picture is **to like** it.
　? *Seeing* the picture is *liking* it.

　上の文では主語（To see the picture）と補語（to like it）を入れかえることはできません。つまり実際には、"to see the picture" = "to like it" を示しているのではなく、「その絵を見ることがそれを好きになることに通じる」という個別的・即時的な意味を表しています。したがって、一般的な意味を表す〈-ing形〉（動名詞）では意味不明となってしまうのです。
　では、「百聞は一見にしかず」という人口に膾炙（かいしゃ）された諺の場合はどうでしょうか。

　⇒ **To see** is **to believe**.
　⇒ **Seeing** is **believing**.

　〈to不定詞〉の場合には先の例と同じように「見ることの結果、即信じることが伴う」を意味し、〈-ing形〉にすると「見ることは一般に信じることを伴う」の意味になります。しかし〈to不定詞〉の場合にも "see"、"believe" に目的語がないので、それだけ一般性が高く、個別的なことがらでもないと考えられるので、若干のニュアンスの差はあるものの〈-ing形〉の場合と大差はありません。

 Hamletの次の名文句も、〈-ing形〉では気の抜けたビールになります。
　生きるべきか死ぬべきか、それが問題だ。
　To be or **not to be**, that is the question.

131 〈remember -ing〉と〈remember to do〉の使い分けは

☑ 〈**-ing形**〉は**過去の事実**を、〈**to不定詞**〉は**未来の義務**を表します。

きみにどこかで**会ったことを覚えている**よ。
I **remember seeing** [× **to see**] you somewhere.

動詞には準動詞の目的語をとる場合、以下の4通りがあります。
① 〈to不定詞〉だけをとるもの
② 〈-ing形〉(動名詞) だけをとるもの
③ どちらもとれるが、意味の同じものと異なるもの
④ どちらもとれないもの

"remember"は**どちらも目的語にとれるけれども意味の異なるもの**です。また、意味が対照であることから"forget"も同じ型になります。

▶ きみにどこかで会ったことを覚えているよ。
　➡ I **remember** [**haven't forgotten**] **meeting** you somewhere.
▶ 私は喫茶店で彼に会うことを忘れてしまった。
　➡ I **forgot** [**didn't remember**] **to meet** him at the coffee shop.

　〈**-ing形**〉は**過去の事実**を、〈**to不定詞**〉は**未来の義務**を表します。ただし、"forget"の場合、〈-ing形〉はふつう次のように**否定文・疑問文に限られます**。特にI'll never forget -ingの形はよく用いられます。

▶ 私は初めてモンブランを見たことを決して忘れないだろう。
　➡ I'll *never* **forget** **seeing** Mont Blanc for the first time.
▶ この手紙を私にくれたのを忘れてしまったの？
　➡ *Did you* **forget** **sending** me this letter?

 〈stop -ing〉と〈stop to do〉の使い分け

〈stop -ing〉と〈stop to do〉はよく間違えられます。〈-ing形〉は目的語ですが、to doは目的語ではなく、「～のために」を表す〈to不定詞〉です。

「歩くのをやめようよ」と彼が言った。それで私たちは休息をとるために止まった [止まって休息をとった]。
He said, "Let's **stop walking**." So we **stopped to take a rest**.

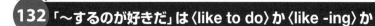

Technique

132 「〜するのが好きだ」は〈like to do〉か〈like -ing〉か

✓ ほとんど同じですが、場合によって少し違いがあります。

水泳は好きだが、こんな冷たい水の中では**泳ぎたく**ない。
I **like swimming**, but I don't **like to swim** in cold water like this.

"like" も〈to不定詞〉と〈-ing形〉（動名詞）のどちらも目的語にとる動詞です。意味はほぼ同じですが、場合によっては少し違うことがあります。"hate" や "begin" についても同じことが言えます。

▶ 1) 私は水泳は好きだが、こんな冷たい水の中では泳ぎたくない。

➡ I like swimming , but I don't like to swim in cold water like this.

▶ 2) 私はうそをつくことが大嫌いだ。／私はうそはつきたくない。

➡ I hate lying . / I hate to lie .

1) の "swimming" は**一般的**に誰でもやる「水泳」で、"to swim" は「私が泳ぐこと」と**個別化**されています。

2) も同じで、最初の文は「人がうそをつくこと全般」が大嫌いであり、"lying" の意味上の主語は文の主語 "I" ではありません。後の文は「自分がうそをつくこと」が大嫌いだということです。

上のように、〈動詞＋to不定詞／-ing形〉として使われた場合のそれぞれの特徴を整理しておきます。

	意味上の主語	表すことがら
to不定詞	文の主語と一致	特定の場合における行為・動作
-ing形（動名詞）	必ずしも一致しない	一般的・習慣的な行為・動作

次は "begin" の例ですが、こんな微妙な違いがあります。

▶ 3) 雨が降り出した。　　　［実際に今降り出した］

➡ It has begun to rain .

▶ 4) 雨が降り出している。　［降っていたのを今気づいた］

➡ It has begun raining .

3) は庭に出ていたら、雨が降り出したという感じで、4) はふと窓の外を見たら、雨が降り出していたという感じです。

原形不定詞はどんな場合に使うのか

✓ **"but"**や**"than"**の後などに使い、その多くがイディオム化しています。

うちの息子はぶらぶら**遊びまわってばかりいる**。
Our son **does nothing but idle** about.

「不定詞」には、「to不定詞」と「原形不定詞」の2つがあります。127
項の〈have＋目的語＋動詞原形〉で使われる〈動詞原形〉は原形不定詞
のことでした。これは〈make [let/help] ＋目的語＋動詞原形〉や〈知覚
動詞＋目的語＋動詞原形〉の場合と同じです。

原形不定詞はこの他、次のように前置詞の"but", "except"「～を除い
て」や、接続詞の"than"の後でも使います。下線部がイディオム化し
ています。（☞副詞および前置詞のbutについては189項も参照）

▶ うちの息子はぶらぶら遊びまわってばかりいる。

　➡ Our son does nothing **but** idle about.
　　☞202項の例文も参照。idle about ＝ idle around（☞127項）

▶ その事実は彼女に知らせるに越したことはない。

　➡ We cannot do more **than** tell her the fact.

▶ 仕事が終わってからは、寝る以外に何もすることがなかった。

　➡ I had nothing to do after work **except** sleep .

また、次のようないわゆる「**分裂文**」（一種の**強調構文**）の後にもしば
しば原形不定詞が使われます。これらはtoの省略とみることもできます。

▶ 彼女は夕食の後はただテレビを見ただけだ。

　➡ **What [All]** she **did** after supper **was** just（to）**watch** TV.

「～せずにはいられない」には〈can't help ＋ -ing〉とともに〈can't but
＋原形不定詞〉が学校ではよく教えられていますが、後者はアメリカで
は使われず、〈**can't help but ＋原形不定詞**〉の形が**一般化**しています。

▶ やつの格好を見てぼくたちは笑わずにはいられなかったよ。

　➡ We couldn't help **but** laugh at his appearance.

また、原形不定詞は075項で述べたように、仮定法現在でも使われます。

☑ 〈**to不定詞**〉と〈**-ing形**〉は文脈に応じて、現在・過去・未来を表します。

> 彼は太平洋をヨットで横断した最初の日本人である。
> He is the first Japanese **to cross** the Pacific by yacht.

　〈to不定詞〉と〈-ing形〉（この場合は「動名詞」ではなく「現在分詞」としての-ing）で名詞を後ろから説明する場合、**現在も過去も未来も同じ形**になります。何か区別しなくていいのか気になりますが、そうした準動詞は**文脈に応じて、いずれかの時制を含む**ことになります。（以下、網掛け部は説明される名詞）

▶ 彼は太平洋をヨットで横断した最初の日本人である。
　➡ He is the first Japanese **to cross** the Pacific by yacht.　［過去］

　文中の "He" は言うまでもなく堀江謙一さんのことです。この文は、"He is the first Japanese **that crossed** the Pacific by yacht." と言いかえられます。この場合〈to不定詞〉は過去のことを表しています。

▶ 1）次にゴールインするランナーは誰だろう？
　➡ And who is the next runner **to reach** the goal?　　　　［未来］
▶ 2）その山に今までに登った最大のパーティである彼らのパーティは30人で構成されていた。
　➡ Their party, the largest **ever to climb** the mountain, was made up of 30 people.　　　　　　　　　　　　　　　　　［過去完了］
　　☞ **be made up of**「〜から成り立っている」（☞ **115**項 *More* も参照）
▶ 3）このアパートに住んでいる女性をご存知ですか。
　➡ Do you know the woman **living** in this flat?　　　　　［現在］
▶ 4）彼の家族のものだった大邸宅はもはやなかった。
　➡ The mansion **belonging** to his family was gone.　　　［過去］

　各文の準動詞はそれぞれ文脈から、1）〈who **will reach**〉、2）〈that **had ever climbed**〉、3）〈who **lives**〉、4）〈that **belonged**〉とも言うことができますが、このような場合は関係代名詞を使わないのが一般的です。このことについては058-062項（第4章）を参照してください。

to不定詞のくり返しを避けるには

☑ **"to"** だけで代わりができます。

彼女は彼とはデートをしたこともないし、また**その**つもりもない。
She has never dated him, nor does she intend **to**.

これまでにもお話してきましたが、英語は経済性を重んじる言語です。094項では動詞のくり返しを避ける「代動詞」についてふれました。

次の例でもその特性を見ることができます。

▶ 彼女は彼とはデートをしたこともないし、またそのつもりもない。
　➡ She has never **dated him**, nor does she intend **to**.

ここでは "to" は〈to date him〉の代わりをしています。このように〈to不定詞〉の代わりをする "to" を**「代不定詞」**と呼びます。さらにいくつか例をあげておきましょう。省略されている部分も補っておきます。

▶「あなたと健二は結婚するつもりなの？」「そうよ」
　➡ "Are you and Kenji **getting married**?" "We hope **to** (get married)."
▶ 母はやめなさいと言ったが、私は彼と出かけた。
　➡ I **went out with him** though my mother told me **not to** (go out with him).

"to" も残らないで、**完全に省略されている場合**もあります。

▶「エンジンをかけられるかい？」「よし、やってみよう」
　➡ "Can you **start the engine**?" "Okay, I'll **try** (to start it)."

"try" は "to" をともなわずに、独立して使うことができます。〈try to〉としたのではくどい感じがするようです。

> *More* 代不定詞は簡潔ですので歌詞などにも使われます。次はミュージカル "Evita" の中で歌われた "Don't cry for me Argentina" の一節で、下線部は、"I never expected it to (impress me)" の意味です。
>
> ♪でも、何にも私は心を打たれなかった、期待もしていなかった♪
> ♪ But nothing impressed me at all. I never expected it **to**. ♪

Technique

136　分詞構文はどんな場合に使うのか

✓ あいまいさやきびきびとした感じを出すために使います。

抜き足差し足で、彼は鉄の扉に近づいた。
Walking on tiptoe, he approached the iron door.

　分詞構文は時・理由・原因などを表す副詞節に書きかえられるとされてきました。しかし、実際には**すべての分詞構文がそれほど明確に区別がつくわけではありません**。そのどれを表すかは多くの場合、文脈とか、ことば以外の常識によって判断されます。

▶ 抜き足差し足で、彼は鉄の扉に近づいた。
　➡ **Walking** on tiptoe, he approached the iron door.
　　1) **As he walked** on tiptoe, he approached the iron door.
　　2) **He walked** on tiptoe, **and** he approached the iron door.

　上の例文を便宜的に"as"で書きかえた1) は時間が同時であるという点が不自然に強調された文になり、"and"を用いた2) は両方の節に同等の重みが感じられます。この分詞構文は q 1) でも2) でもない、いわば「**付帯状況**」を表すものです。

　暗示的なあいまいさ、きびきびとした簡潔性などが分詞構文の特徴であり、そのために書きことばにおいて、近来ますます用法が拡大されてきています。

▶ 彼女は私に近づいてきて、じっと私の顔を見つめながら手を私の腕においた。
　➡ She came close to me and **laid** her hand on my arm, **looking up in my face.**

　"laid"と"looking up"はいわば同時進行しています。つまり、どちらが先かあいまいな感じを出しているのです。これを接続詞（例えばand）を使って書くと、それが明らかになってしまいますし、文全体が間延びして、締まりのない感じを与えることになります。

分詞構文を効果的に使うには

☑️ **"with" を加えることにより、付帯的な状況がさらに明確になります。**

情勢が絶えず変化**していて**、正確な売上高は予測できない。
With the situation changing constantly, it is impossible to predict accurate sales figures.

分詞構文のもっとも多い使い方は、「付帯状況」を表すものです。分詞構文が純粋に時間や理由・原因を示すということはほとんどなくて、**主文の背景にある、他の付帯的な状況を同時進行的に表します。**

もし、純粋に時間や理由だけを表すのであれば、接続詞を使っても十分に間に合います。そのためにそれらの接続詞が存在しているからです。ところが、**付帯状況を特別に表す接続詞はありません。**

前項でふれたように、分詞構文は主に書きことばで使われます。次のような報告書を書く場合には、分詞構文がぴったりです。

▶ 情勢が絶えず変化していて、正確な売上高は予測できない。

➡ **With** the situation changing constantly, it is impossible to predict accurate sales figures.

「変化していて」は時を表すのか、理由を表すのか定かではありません。こうした日本語には付帯状況を表す分詞構文がぴったりです。"with" がなくても文は成立しますが、あったほうが「〜をもっている、〜がある」という付帯状況がより明確になります。(☞ "with" の意味や、付帯状況構文の型については051項を参照)

さらに2つ例をあげておきましょう。

▶ さて、夕食も終わり、私たちは子供たちが眠っている部屋に戻った。

➡ Now, **with** supper finished, we retired to the room where our children were sleeping.

▶ 科学の進歩があまりにも速くて、100年後には世界がどのようになっているか誰も想像できない。

➡ **With** science progressing so fast, no one can imagine what the world will be like in a hundred years.

第10章
代名詞を
本当に使えているか？

英語は日本語よりもはるかに多く代名詞を使います。逆に言うと、私たち日本人は英語の代名詞が不得意であるということです。この章では従来の学校文法ではおろそかになっていた感がある代名詞の役割に焦点を当てることにしました。

例えば「代名詞の"代名詞"」です。"everybody"は従来は"he"で受けていましたが、今では複数形の代名詞で受けるのが普通になっています。

> 誰でも自分自身の生き方がある。
> ➡ Everybody has their own way of living.

また、"this"と"that"の用法にも注意すべき点がいろいろあります。"〜self"の「再帰代名詞」もくわしく見ていくと、存外あまり知られていないポイントがあります。例えば、前置詞によって再帰代名詞が後に続くものと、人称代名詞の目的格（me, her, him, us, them）が後に続くものとがあるのです。

これらは、今までおろそかにされてきましたが、英語を円滑に使いこなす上でマスターしておくべき重要なポイントなのです。

☑ 最近は **"they"** で受けることが多くなっています。

誰でも自分の好きなようにやりたがる。
Everyone likes to go **their** own way.

"everyone"、"everybody"、"anyone"、"someone" などは、形が単数で
すから単数扱いをするのが原則ですが、意味においては複数の観念を
もっています。そのため、これらは複数の代名詞 **they–their–them** で
受ける傾向が強くなっています。

▶ 誰でも自分の好きなようにやりたがる。
　➡ 1) **Everyone** **likes** to go **their** own way.
　➡ 2) **Everyone** **likes** to go **his or her** own way.

2) のように "his or her" で受けることもあります。これは正確ですが、
あまりにもぎこちない感じがしますので、男女両性を明示する必要があ
る場合を除いては、1) の形のほうがふつうになっています。**"everyone"**
に続く動詞は 3 人称単数の動詞（likes）です。

以下は "everyone" 以外の例です。

▶ もし誰かが電話をしてきたら、名前と住所をきいて、後でもう一度電
　話をくれるように言いなさい。
　➡ If **anybody** **calls**, take **their** names and addresses and tell **them**
　to call again later.
▶ 誰かがカメラをバスに忘れていった。
　➡ **Someone** left **their** camera on the bus.
▶ 今日は誰も来なかったのかい。
　➡ **Nobody** came today, did **they** ?
▶ 誰が来ても、ここでしばらく待つように言ってくれ。
　➡ **Whoever** **comes**, tell **them** to wait here for a while.

139 "we"は誰のことを指しているのか

✓ 文脈によって、「私」以外に誰を含むのかいくつか考えられます。

> **人は正直でなくてはいけない。**
> **We** must be honest.

"we"は基本的には"I"（話している自分自身）を含んでいますが、**"I" 以外の誰を含むかは文脈によって変わる**ことがあります。

▶ 人は正直でなくてはいけない。
　➡ **We** must be honest.

このように一般論で「人は…」と言うとき、すなわち**「人間一般」を総称する場合**"we"が使えます。この"we"は〈people in general〉を意味し、この中には"I"も含まれています。

▶ 1) ディスコに行きましょうよ。
　➡ Let's go to the disco, shall we ?
▶ 2) 私たちをディスコに行かせてくださいな。
　➡ Let us go to the disco, will you ?

"we"には1) のように **"you"（話している相手）を含む場合**と、2) の**ように含まない場合**があります。2) は娘とその友だち（us＜we）が親（you）に頼んでいるような状況が想定されます。

▶ 3) この問題については前章で見てきました。
　➡ **We** have studied this problem in the previous chapter.
▶ 4) 今日はご気分はどうですか。
　➡ How are **we** feeling today?

3) は**本の編集者や著者が謙遜を込めて使う**ことが多い"we"です。
4) は**医者が患者に言うような場合**で、保護者的なニュアンスが込められた"we"です。

"you"は誰のことを指しているのか

☑ 「あなた」以外の人も指す場合があります。

外国語を６か月で学ぶことはできない。
You can't learn a foreign language in six months.

"you" は基本的には聞き手である「あなた」を指しますが、"we" と同じように「人間一般」を指すことがあります。その場合には、**聞き手・話し手も含んだ人間一般**のことを指しています。次のような場合にぴったりです。

▶ 外国語を６か月で学ぶことはできない。
  ➡ **You** [**One**] can't learn a foreign language in six months.

この "you" は同じように「人間一般」を指す "one" でも代用できますが、堅苦しい感じがし、"you" のほうがふつうです。しかし、前項で扱った "we" とはどう使い分ければいいのでしょう？ 次の例を見てください。

▶ 嘘をついてはいけない。
  ➡ 1) **You** must not tell lies.
  ➡ 2) **We** must not tell lies.

同じ総称的な "you" と "we" でもニュアンスが若干違います。1) では対決姿勢が出て**教訓的な感じ**がし、2) では謙虚さが含まれて**柔らかな感じ**がします。

また、"you" は単複同形ですので紛らわしいことがあります。そのために複数であることを表す次のような表現もあります。

▶ お願いだから静かにしてよ、あなたたち（そこの２人）。
  ➡ Please be quiet, **you two**.

More アメリカ南部では、親しみを込めた "you all" を複数として使います。

やあ、みんな。元気でやっているかい。
Hi, everybody. How're **you all** doing?

141 "you" に形容詞をつけて「〜なおまえ」と言えるか

 はい、代名詞を形容詞や副詞などで修飾できる特殊な例があります。

運のいいやつ！［きみは運がいいよ！］
Lucky you!

　日本語では「〜なやつ・ぼく・彼・彼女」などの表現が可能ですが、英語では形容詞が代名詞を修飾することはめったにありません。このように言いたい場合、次のような慣用的な表現に頼ることになります。

▶ （相手に向かって）運のいいやつ！［きみは運がいいよ！］
　➡ **Lucky you**!
▶ 彼は頭がいいよ！
　➡ **Clever him**!
▶ あわれなぼくをそんなに責めないでくれよ。
　➡ Don't blame **poor me** so much!

　こうした表現はくだけたイギリス英語で用いられます。また、代名詞の後に前置詞句や副詞をおいて形容詞的に修飾する場合もあります。

▶ 恋をしている彼女は恋をしているきみとは何と違っていることか。
　➡ How different **she in love** is
　　from **you in love**!
▶ 外にいるのは誰だろう。
　➡ Who is **that outside**?
　　☞「人」を表す that（☞ 145 項を参照）

More -thing, -body と形容詞

-thing や -body などで終わる代名詞は、その後に形容詞を伴うことがよくあります。ただし、どんな形容詞でもこのように言えるとは限りません（☞ くわしくは 167 項参照）。

　最近何かおもしろいものを読んだ？
　Have you read **anything interesting** lately?

"this"は「これ」で "that"は「あれ」か

☑ **"this"** と **"that"** は時間的・空間的・心理的に、近い―遠いの関係です。

今日は私の誕生日です。
This is my birthday.
あの日は生涯最良の日だった。
That was the best day in my life.

"this/these" は**時間的・空間的さらには心理的に**「話し手に近いもの」を指し、"that/those" は逆に「**話し手から遠いもの**」を指す働きをすることを、基本的な知識としてしっかり押さえておくことが必要です。

▶ 1) 今日は私の誕生日です。
　⇒ **This** is my birthday.
▶ 2) あの日は生涯最良の日だった。
　⇒ **That** was the best day in my life.

　1) の "this" は時間的に近い "Today" の意味ですが、英語ではこのように "this" を使うことがよくあります。

　2) の "that" は時間的に遠い "That day"「あの日」の意味です。日本語の「今日は…の日だ」「あの日は…の日だった」を英語で言う場合のこの形に慣れておくとよいでしょう。

▶ 3) どちら様ですか。
　⇒ Who is **this** [**that**] speaking?
▶ 4) もしもし。こちらはリサよ。（そっちは）ルビーなの？
　⇒ Hello. **This** [× That] is Lisa. Is **that** [× this] Ruby?

　3) と4) はいずれも電話でのやりとりで、決まり文句です。3) では "this" はアメリカ英語、"that" はイギリス英語です。

　4) では "this" と "that" は交換することはできません。これらの場合、どちらの代名詞も人を指しています。"this" と "that" の「近い―遠い」の関係がよくわかると思います。

143 「それ」には "this" と "that" のどちらを使うのか

✓ 同じ「それ」でも、前に述べたことを指す場合に違いがあります。

彼はその犬を飼うことに決めた。**それ**が妻を怒らせた。
He decided to keep the dog. **This** [**That**] upset his wife.

"this" と "that" はどちらも前に述べたことを受けることができます。

▶ 彼はその犬を飼うことに決めた。それが妻を怒らせた。

➡ He decided to keep the dog. This [That] upset his wife.

　上のような、事実を客観的に述べる文では "this" も "that" も使えます。しかし、**this は話し手自身が述べたことに言及する場合**に使います（☞次の例1）が、**that は相手が述べたことに言及する場合**に使う（☞例2）という違いがあります。

▶ 1) 多くの不注意があったようだ。これが私にはわからない。

➡ There seems to have been a great deal of carelessness. **This** is what I can't understand.

▶ 2)「多くの不注意があったようだ」「そう、それが私にはわからない」

➡ "There seems to have been a great deal of carelessness."
"Yes, **that**'s what I can't understand."

　また、"this" は空間的距離が近いものを、"that" は遠いものを指して、次のように、「**前者** (that = the former) **―後者** (this = the latter)」の意味（☞例3）にもなります。

　ただし、日本の辞書や文法書ではこうした記述が見られますが、この用法は old-fashioned になっていますので、**the former ― the latter を使うほうが無難**です。

▶ 3) 私にはお金も男も必要なのよ。後者（男）は楽しみを与えてくれるし、前者（お金）は安心感を与えてくれるの。

➡ I need both money and men; **the latter** [? this] gives me pleasure and **the former** [? that] makes me feel relieved.

"this"が使えない場合とは

☑ **"this"**は〈**the**＋前出の名詞〉や〈**a/an**＋前出の名詞〉の代わりができません。

彼女の振る舞いはレディの**それ**ではなかった。
Her behavior was not **that** (=the behavior) of a lady.

"that/those" は〈**the**＋前出の名詞〉の代わりをすることができますが、"this/these" にはこうした働きはできません。

▶ 彼女の振る舞いはレディのそれではなかった。
　➡ Her behavior was not **that** (= the behavior) of a lady.

▶ 体の細胞、特に脳の細胞は、血液の循環がないと数分しか生きられない。
　➡ **The cells** of the body, especially **those** (= the cells) of the brain, can live only a few minutes without circulating blood.

これとよく似ていますが、〈**a/an**＋前出の名詞〉をくり返すときは **"one"** で代用できます。

▶ 「ペン貸してくれない？」「ごめん、もってないんだ」
　➡ "Could you lend me **a pen** ?"
　　"Sorry, I haven't got **one** (= a pen).

形容詞や **"the/this/that"** を伴う場合には、名詞そのものだけの代わりをします（☞次の例1）し、**"ones"** として複数形の名詞を受けることもできます（☞例2）。

▶ 1) ケーキをください。クリームのたくさんのった大きいのを。
　➡ I'd like **a cake**. A *big* **one** (= cake) with lots of cream.
▶ 2) 青いリンゴは赤いのよりおいしいことが多い。
　➡ *Green* **apples** often taste better than *red* **ones** (= apples).

ただし、これらの用法が使えるのは**数えられる名詞の場合**だけです。

▶ 僕は赤ワインより白ワインのほうが好きだ。
　➡ I like *white* **wine** better than **red** (または red wine) [× red *one*].
　　☞wine は数えられない名詞

"that"が単独で使えない場合とは

☑ 目的語の位置に来る場合には「人」の代わりはしません。

私は**あの人**がとても好きです。
I like **that man** [× **that**] very much.

"this"と"that"は名詞の前に来て形容詞のように使える場合と、単独で名詞のように使える場合とがあります。

主語の位置に来るときには、142項の3）や4）で見たように、単独でも「人」の意味を表すことができますが、**目的語の位置に来る場合には「人」を表すことはできません。**

▶ 1）私はあの人がとても好きです。
 ➡ I like **that man** very much.
 × I like *that* very much.
▶ 2）あの人が私の父です。

 ➡ **That**（man）is my father.　［主語の位置］

「あの人が・を…」と言う場合、1）のように"that"を目的語の位置で使う場合は"man"とか"woman"などの名詞が必要になります。"that"だけの場合には「物」を表すことしかできません。

一方、2）では、主語の位置で使うので、単独でも「人」を表すことができます。

ところが次の3）のように「あんな奴」と言う場合は、"that"だけで"that fellow"の代用をすることができます。

▶ 3）彼女はほんとうにあんな奴と結婚するつもりなのか？
 ➡ Is she really going to marry **that**?

"that"が**"that fellow"「あんな奴」を意味する感情的な表現の場合**には、単独の"that"が目的語の位置に来ても、例外的に許されるのです。この"that"はかなり特殊なもので、親しみ・驚き・不快・嫌悪などを表すものです。この場合は**非常に侮辱的な響き**があります。

146　「自分を見る」と言う場合の「自分」はどうなるか

✓ 主語と目的語が同じなので、目的語には "〜self" を使います。

ユカリは鏡で**自分**を見た。
Yukari looked at **herself** in the mirror.

　動詞や前置詞の目的語が**その文の主語と同じ人・ものの場合**、その目的語は「再帰代名詞」（myself, yourselfなど）をとるのが原則です。

▶ ユカリは鏡で自分を見た。
　➡ 1) **Yukari** looked at **herself** in the mirror.
　? 2) **Yukari** looked at **her** in the mirror.（「ユカリは鏡で彼女を見た」）

　2）の場合は、ユカリは鏡に映った他の女を見たことになります。Yukari ≠ herという関係です。これに対して1）は、Yukari = herselfという関係になります。ふつうは人称代名詞の目的格（him, her, it, them, you, us）と再帰代名詞は、**一方が現われる場合には他方は現われることができません**。

　Tom met **him**［× himself］.　　　　　　　　[Tom ≠ him]
　　☞自分に会うことはできない
　Tom enjoyed **himself**［× him］at the party.　[Tom = himself]
　　☞himだと「他の人を楽しませた」と違う意味になる

　しかし、どちらも現われる特殊な場合もあります。

▶ 彼らはそのお金を自分たちで分けた。
　➡ They **divided** the money between **themselves**［them］.

 〈say to 〜self〉（思う）と〈talk to 〜self〉（独り言を言う）に注意

"say to 〜self" と "talk to 〜self" はよく混同されます。

「ぼくは最善を尽くした」と彼は思った。
"I did my best," he **said to himself**.
彼は寝言を言った。
He **talked to himself** in his sleep.

✓ 前置詞の目的語は、再帰代名詞をとるものと、とらないものがあります。

ジェームズは自分の周りを見た。
James looked **about him** [× **himself**].

　前項のルールは、「前置詞の目的語」のほうに限ってのものです。その目的語が文の主語と同じ人・物でも、**前置詞の種類によって再帰代名詞を目的語にとる場合と、とらない場合とがあります**。

▶ 私はまったくお金を持ち合わせていなかった。
　➡ I had no money *with* me [× myself].
▶ ジェームズは自分の周りを見た。
　➡ James looked *about* him [× himself].　[James = him]
▶ ジェーンはそれを自分のそばに置いた。
　➡ Jane put it *near* her [× herself].　　[Jane = her]

　上の例では、前置詞が「**場所**」を表す場合です。これに対して、次のように前置詞が「場所」以外のもの、例えば「**方向**」などを表す場合には**再帰代名詞を目的語**にとります。前項の "look at" もこれにあたります。

▶ ケンはそれを自分のためにとっておいた。
　➡ Ken kept it *for* himself [× him].　　[Ken = himself]
▶ 小雪はひとり微笑んだ。
　➡ Koyuki smiled *at* herself [× her].　[Koyuki = herself]

More 〈前置詞＋再帰代名詞〉のイディオム

〈前置詞＋再帰代名詞〉はイディオムになっているものがあります。以下の3つは覚えておくとよいでしょう。

The door closed **of itself**.	ドアが勝手に閉まった。
She was all **by herself**.	彼女はまったくひとりぼっちだった。
He **kept** the secret **to himself**.	彼はその秘密を胸に秘めていた。

名詞を強めるにはどうすればよいか

☑ その名詞の直後に "〜**self**" を使うのが簡単です。

社長**自ら**が私たちに話をした。
The president **himself** talked to us.

再帰代名詞には**前の名詞の意味を強める用法**があります。この場合には、**再帰代名詞は強く言う**のがふつうです。

▶ 社長自らが私たちに話をした。
　➡ **The president** himself talked to us.
　➡ **The president** talked to us himself.

名詞と再帰代名詞はこの場合、イコールの関係です。したがって名詞のすぐ直後に置くのが原則ですが、意味があいまいにならなければ口語では副詞のように後ろに来る傾向があります。

また、この用法では**名詞は "the"** がついたものか、**固有名詞**であるのがふつうです。

▶ 先生自らが私たちのためにその歌を歌ってくれた。
　➡ The **teacher** herself sang the song for us.
　✕ A teacher herself sang the song for us.
▶ ディビッド本人が警察に出頭した。
　➡ David himself reported to the police.
　　☞report to「〜に出向く、出頭する」

しかし次のように「**抽象名詞**」は**the** がなくてもそれを再帰代名詞で強調することができます。

▶ 戦争それ自体は単純な現象ではない。
　➡ War itself is not a simple phenomenon.
▶ テレビそれ自体は良くも悪くもない。
　➡ Television itself is not good or bad.
　　☞この Television は「受像機」（普通名詞）でなく「テレビ放送」の意味
　　〈A or B〉の否定については203項を参照

"it"は何を指すのか（1）

149

 名詞以外に、先行する文・節を指すこともできます。

> 彼の試みは成功しなかったが、私たちは**それ**を予期していた。
> His attempt was not a success, but we had expected **it**.

"it"は先行するもの・動物、ときには人間をも受ける代名詞ですが、次のように**文・節をまるごと受ける**場合に使うこともできます。

▶ 1) 彼の試みは成功しなかったが、私たちはそれを予期していた。
⇒ His attempt was not a success , but we had expected **it** .

▶ 2) 私たちは期待していたのに、彼の試みは成功しなかった。
⇒ His attempt was **not** a success , though we had expected **it** .

1) と2) は接続詞を除くと同じ文ですが、1) では「彼の試みが成功しないこと」を、2) では「彼の試みが成功すること」を私たちが予期・期待していたことになります。つまり、"it"は1) では**前の文の内容全部**を、2) では**前の文からnotを除いた内容**を指しています。

「文の代名詞」としての"it"を目的語にとることのできる動詞は、"assert"、"deny"、"doubt"、"prove"、"expect"、"find"といった、**自分の態度を明確に打ち出すタイプ**の動詞です。

"think"や"hope"、あるいは"be afraid"はこのタイプには入りません。**"so"**を使います。（☞ "so"については178項も参照）

▶「彼女はパーティに来るだろうか？」「そう思います」
⇒ "Is she coming to the party?" "I **think** [**hope**] **so** [× it]."

▶「明日は晴れますかね？」「そう思います」
⇒ "Will it be fine tomorrow?" "I **hope** **so** [× it]."

"believe" は **"it"** も **"so"** も使える、珍しいタイプです。

▶ 譲二は金に困っていると言ったが、私はそれを信じた。
⇒ Joji said he was in need of money, and I **believed** **it** .

▶「彼は美佳と結婚するつもりかしら？」「そうだと思うよ」
⇒ "Is he going to marry Mika?" "I **believe** **so** ."

"it" は何を指すのか (2)

☑ 特に何かを指すことがない場合があります。

明日の夜パーティがあるんだけど、**来**られる？
There'll be a party tomorrow evening. Can you **make it**?

　代名詞だから "it" は何を指すのだろうか、という思考回路に私たちは慣れきっているきらいがあります。しかし、"it" には**特に何かを指すことがなくて、イディオムの一部として使われる**ことがあります。特に口語表現で多く見かけられます。

▶ 明日の夜パーティがあるんだけど、来られる？

　➡ There'll be a party tomorrow evening. Can you **make it**?

　"make it" はここでは「出席する、都合がつく」という意味ですが、他にも「うまくいく」「間に合う」「うまく行き着く」「〜で都合を合わせる」などいろいろな意味があります。

　他のよく使われるイディオムの例をいくつかあげておきましょう。いずれも "it" は特定のもの・ことや動物を指すものではありません。

▶ きみはちょっとやりすぎだよ。➡ You**'ve overdone it!**

▶ それはあんまりだよ！➡ **That does it!**

▶ しまった！　➡ **That's done it!**

▶ その調子だ！　➡ **Go for it!**

▶ かっこつけるんじゃないよ！　➡ **Come off it!**

▶ 気楽にやりなさい。　➡ **Take it easy!**

▶ 彼とは決着をつけなくちゃいけない。

　➡ I've got to **have it out with** him.

▶ おまえさんは天罰が当たったんだよ。

　➡ You've **had it coming to you.**

▶ とっくに知っているよ。

　➡ **Don't I know it ↘!**

　☞下降調で断定的に言う

第11章
時制は日本語と英語の交差点

日本語の時制は難しいものです。例えば、「私は言った」は明らかに過去のことですが、「私は疲れた」だけでは過去のことか現在のことか定かではありません。「昨日は私は疲れた」であれば、過去のことですが、「私は疲れた。仕事を変わろうかな」となれば、現在もなお「疲れている」ことになります。

　英語の時制はもっとはっきりした形で規則化されています。したがって、上の例のような日本語の時制の「あいまいさ」をどれだけ正確に仕分けして英語に移し変えることができるかが、ポイントになります。

　英語の時制は基本的には動詞の形で表されます。その意味では時制は現在と過去の2つしかないことになります。しかし、学校文法を始めとして、一般的に〈will / shall ＋動詞原形〉を「未来形」として扱っていますので、ここでもそれにならっています。

　一方、「進行形」や「完了形」は現在・過去・未来のそれぞれの時制に存在します。これらは文法用語では"Aspect"「相」と呼ばれ、動詞の意味する様態・性質などの差異を表すものです。しかし、そうした用語よりも、「進行形」や「完了形」が実際にどのように使われるかを知っていたほうが英語でのコミュニケーションに役立つでしょう。

"hear" や "see" を進行形で使う場合とは

☑ 状況によって、その程度が変わっていくような場合です。

> オーケー、**だんだん**よく**聞こえてくる**よ。
> OK, I'**m hearing** you better now.

　基本的に **"hear"** や **"see"** は「(自然に) 聞こえる / 見える」を意味し、「(意識的に) 聞く / 見る」は **"listen to / look at"** を使います。前者は「無意思動詞」、後者は「意思動詞」と呼ばれます。

　無意思動詞は人の (どこから始めてどこで終わるかという) 意思の及ばないものですから、その動作を人が継続することはできません。したがって、進行形を作ることはできません。

▶ 私は彼女のピアノを聞いていた。
　➡ I **was listening to** [×hearing] her piano.
▶ 彼女はきみを見ているよ、トム。
　➡ She **is looking at** [×seeing] you, Tom

　しかし例外があります。例えば、**状況によってその (聞こえる・見える) 程度が変わっていくような場合**です。

▶ オーケー、だんだんよく聞こえてくるよ。[携帯電話で]
　➡ OK, I'**m hearing** you better now.
▶ だんだん船の姿がはっきりと見えてきた。[霧の海上で]
　➡ We **were seeing** the ship more clearly.

　"hear" や "see" が意思動詞として使われることもあります。

▶ 彼女の姉は彼女のピアノの練習を聞いてやっていた。
　➡ Her sister **was hearing** her practice the piano.
　　☞**hear**「(言い分など) を聞いてやる、(講義・演奏会など) を聞く」
▶ 彼はこのところマユミにしょっちゅう会っている。
　➡ He **is seeing** a lot of Mayumi these days.
　　☞**be seeing**「(異性) とつき合っている」

「～している」に進行形を使わない場合とは

☑ 「～している」は、文脈・状況によっては現在形で表します。

うちのかみさんは会社で**働いている**よ。
My wife **works for** a company.
My wife **is working at** a company.

　日本語の「～している」はかなり幅広い「時」を表します。例えば、「うちのかみさんは会社で働いているよ」を英語になおした場合、次のように2つの文が可能です。

➡ 1) My wife **works for** a company.
➡ 2) My wife **is working at** a company.

　1) は「奥さん、仕事をしているって聞いたけど、何をしているの」のような問いに対するものです。この場合の現在時制は**習慣的・反復的な動作**を表します。

　一方、2) は「奥さん、姿が見えないけどどうしたの」のような問いに対して、今日は休日出勤で「今、会社で働いているよ」というような場合です。**進行中の動作**を現在進行形が表しています。

　「彼は京都に住んでいる」も2つの英訳が可能です。

➡ 1) He **lives** in Kyoto.
➡ 2) He **is living** in Kyoto.

　1) は「住みついている」という**習慣性**を、2) は「現在住んでいる」という**一時的な状態**を表しています。

　次のような「～している」は現在時制で表さなければなりません。

▶ あの掲示には『駐車禁止』と出ています。
　➡ That notice **says** "No parking."
▶ 当店ではいろいろな商品を扱っています。
　➡ We **deal** in a variety of goods.
　　☞deal in「～を商う」

153　"will / shall" 以外で未来を表す場合とは（1）

☑ 確定した予定を現在時制で表すことがあります。

父は来月［まもなく］定年**退職します**。
Our father **retires** next month [soon].

　未来を表すのに "will / shall"（will のほうが多用されている）を使うのは周知のとおりですが、古い英語には現在時制と過去時制の2つしかありませんでした。未来を表すには現在形を用い、前後関係や、時を表す副詞（句）でそれが未来の事柄であることを示しました。この用法が現在も残っているのです。

▶ 父は来月［まもなく］定年退職します。

　➡ Our father **retires** next month [soon].

▶ 彼女の飛行機は14時10分に離陸する。

　➡ Her plane **takes** off at 14:10.

▶ きみは今度の水曜日は非番かい？

　➡ **Are** you off duty next Wednesday?

　この用法は**確定した予定としての未来を表す場合に**使うことが上の例からわかります。

　また、**時・条件を表す副詞節**（when 〜 / if 〜）**の中**では、現在形が未来のことがらを表すのがルールです。（☞例外については 092 項を参照）

▶ ぼくの髪が肩まで伸びたら、結婚しようよ。

　➡ Let's marry **when** my hair **grows** down to my shoulders.

▶ もし遅れたら、きみを置いて行くからね。

　➡ **If** you **are** late, we'll go without you.

 what / whether / where 節の中でも現在形が未来を表します。

何を（後で）見つけたかおしえてあげるわ。
I'll tell you **what** I **find** [× will find] out.

154 "will / shall" 以外で未来を表す場合とは (2)

 現在進行形で近い未来を表すことができます。

来週は**どうするつもり**なの？
What **are** you **doing** next week?

現在進行形も**近い未来**を表すのに用いられます。ここでも前後関係から明らかに未来を示すことがなければ、未来の時を表す副詞（句）が必要になります。次の1）と2）を比べてください。

▶ 1）（今）何をしているの？
　⇒ What **are** you **doing**?
▶ 2）来週はどうするつもりなの？
　⇒ What **are** you **doing** next week ?

この用法は次のように**往来・発着を表す動詞に用いられることが多い**ものです。

▶ 彼女は次の土曜日に食事に来てくれます。
　⇒ She **is coming** to dinner next Saturday.
▶ 明朝ロンドンに発ちます。
　⇒ I'**m leaving** for London tomorrow morning.

上の2つの文は"will"で言ってもかまいませんが、"will"が**単に未来のことを述べる**のに対して、現在進行形は**予定・計画のニュアンスが強い**感じがします。また、特に主語が"I"の場合は、"will"を用いると、未来というより、**その場での意思「〜しよう」**を表すことになります（☞次項参照）。

相手の予定をたずねる場合に、**未来進行形**を使ってもかまいませんが、「**成り行き上〜することになっている**」というニュアンスが生まれます。

▶ （今日の）午後は観光をされるのですか。
　⇒ **Are** you **doing** some sightseeing this afternoon?　　［予定］
　⇒ **Will** you **be doing** some sightseeing this afternoon?　［成り行き］

155 "be going to" と "will" はどう使い分けるか

☑ その場で決めたことを言う場合には "be going to" は使えません。

「玄関の戸口がノックされたよ」「行って見てきます」
"There is a knock on the hall door."
"I'll [×I'm going to] go and see who it is."

多くの場合 "be going to" と "will" は交換可能ですが、**どちらか一方しか使えない場合**がいくつかあります。

▶ 玄関の戸口がノックされたよ」「行って見てきます」
　➡ "There is a knock on the hall door."
　　"I'll [×I'm going to] go and see who it is."

上の例のように、**あらかじめ考えられた意図でない場合**（＝その場で**決めたこと**）には、必ず "will" を使います。したがって、逆に次の例のように**準備がすでに行われている場合**には "be going to" を使います。

▶ 彼女はすでに飛行機の予約したわ。これを最後に日本を離れるつもりよ。
　➡ She has already booked a flight and she's going to [×she'll] leave Japan for good.

また、**何かの兆候から判断して、すぐにも起こりそうなことを言う場合**にも "will" ではなくて "be going to" が使われます。

▶ あの群衆を見てごらんよ。暴動が起きそうだ。
　➡ Look at the crowd. There's going to [×will] be a riot.
　　☞ この **there** の用法については 105 項と 109 項も参照のこと

固い決心やその場での意思を表す場合には "will" を使います。次のようには異性から言われたくないものです。

▶ あんた［おまえ］を呪ってやる！
　➡ I will [×am going to] put a curse on you!
　　☞ put [lay] a curse on「〜に呪いをかける」

現在時制を現在以外に使う場合とは

☑ 実況放送や一連の行為などにも使います。

> 中村が小野にボールを**パス**、小野は高原にクロスを**あげる**、高原、それをヘッドで**合わせる**、入りました！
> Nakamura **passes** the ball to Ono. Ono **passes** a cross to Takahara, who **whacks** a header off the cross and **scores**!

　現在時制は153項でふれたように、未来のことがらを表すのに使うことができますが、その他に**スポーツの実況放送**にも使います。

▶ 中村が小野にボールをパス、小野は高原にクロスをあげる、高原、それをヘッドで合わせる、入りました！
　⇒ Nakamura **passes** the ball to Ono. Ono **passes** a cross to Takhara, who **whacks** a header off the cross and **scores**!

　サッカーのように動きの激しいスポーツでは、個々の動きとその実況とが同時であることから現在時制が使われるのでしょう。ボートレースやマラソンなどのように、**動きが時間的なひろがりがある場合には現在進行形のほうが適切**です。

▶ ヌデレバが野口に差をつめてきました。その差わずか50メートルです。
　⇒ Ndereba **is gaining** on Noguchi and is only fifty meters behind.
　☞gain on「〜に追い迫る」

　料理や手品などの実演でも現在時制を使って説明します。

▶ 最初に卵を2個割ってボウルに入れます。次にそれをよくかきまぜます。
　⇒ First I **break** two eggs into the bowl. Then I **whip** them well.

　過去の人物でも、過去から離れて**客観的に述べる場合**、現在時制を使います。

▶ ワシントンはアメリカの初代大統領です。
　⇒ Washington **is** the first President of America.

☑ **"nowadays"** は現在時制、**"recently"** は完了と過去で使います。

> **最近は**落ち込んでいる人が多い。
> Many people **are** depressed **nowadays**.
> Many people **have been** depressed **recently**.

　「最近は、近頃は」を表す語句はいくつかありますが、使うときの時制に区別があります。**"nowadays"** は現在時制（進行形を含む）で使いますが、**"recently"** は現在完了、過去および過去完了で使います。

　ただし、過去完了で使う場合は間接話法で使われます。それは、直接話法では現在完了に相当するものです（☞161項参照）。

▶ 最近は落ち込んでいる人が多い。

　　⇒ Many people **are** depressed **nowadays**.　　　　［現在形］

　　⇒ Many people **have been** depressed **recently**.　［現在完了形］

▶ 私たちは最近までそのことを知らなかった。

　　⇒ We **didn't** know that until **recently**.　　　　　［過去形］

▶ 中村博士は最近、委員会の議長に任命されたところだった。

　　⇒ Dr. Nakamura **had recently been** appointed chairperson of the
　　　 committee.　　　　　　　　　　　　　　　　　　　［過去完了形］
　　　 ☞appoint A (to be) B「AをB（役職）に任命する」の受動態、Bの役職
　　　 名は無冠詞　*cf.* elect（☞027項）

　例文中の、"nowadays" の代わりに **"these days"**, "recently" の代わりに **"lately"** を使うこともできます。

More "just [only] now" と "just"

「たった今」を表す "just [only] now" と "just" も時制に注意が必要な副詞（句）です。どちらも時間的にほとんど差はありません。

> 彼女はたった今青森に発ったところだ。
> She left for Aomori **just [only] now**.　　［過去形］
> She has **just** left for Aomori.　　　　　　［現在完了形］

経験を表すのは現在完了形だけか

☑ 過去形でも表せますが、意味が少し異なります。

> パリにいたころ彼女に**会ったことがありますか**。
> **Did you ever meet** her while you were in Paris?

「現在完了形の経験用法」の印象が強いので、経験をたずねるのには現在完了形しか使えないと思いこんでいる人もいるかもしれません。

しかし実際は、経験をたずねるには、①現在完了形を使う場合と、②過去形を使う場合とがあります。

次の例1)は**現在までの経験**をたずねる形で、**現在に話し手の関心**が置かれています。2)は**過去としての経験**をたずねる形で、**過去に話し手の関心**が置かれています。

▶ 1) パリで彼女に会って以来（今まで）、彼女に会ったことがありますか。
  ➡ **Have you** *ever* **met** her since you met her in Paris?
▶ 2) パリにいたころ彼女に会ったことがありますか。
  ➡ **Did you** *ever* **meet** her while you were in Paris?
▶ 3) 鯨を見たことがありますか。
  ➡ **Have you** *ever* **seen** [**Did you** *ever* **see**] a whale?

3)ではどちらを用いてもかまいません。**現在完了形のほうが過去形よりも一般的で、おだやかな響き**がします。ちなみに、経験をたずねる場合は "ever" を添えるのがふつうです。

現在完了と過去は次のように微妙に意味が異なることがあります。

▶ ノートルダムを訪れたことがありますか？
  ➡ 4) **Have you ever visited** Notre Dame?
  ➡ 5) **Did you ever visit** Notre Dame?

日本語では区別できませんが、例えば4)は、あなたが（ノートルダムのある）パリに行ったことがあるかどうか知らなくて、これまでのあなたの経験をたずねている状況です。5)は、あなたがパリに行ったことは知っていて、さらにかの有名なノートルダムを訪れたかどうかをたずねているような状況です。

Technique

159 "When〜?"は現在完了形で使えるか

☑ いいえ、使えません。が、しかし…。

いつ私があなたの日記を読んだというのよ？
When have I read your diary?

　現在完了形が表すのは過去のある時点から現在までの時間です。したがって明らかに過去の時を示す副詞（句）とともに使うことはできません。ですから**"When〜?"は過去の一時点をたずねることになるので、現在完了形は使うことができない**わけです。

▶いつ日本に来られたのですか。
　➡ **When** did you come ［×have you come］ to Japan?

　明らかに過去の時を示す副詞（句）には、"yesterday"、"last night"、"the other day"、"then"、"three years ago"、"in 1943" などがあります。
　ところで、"When〜?"は絶対に現在完了形とともに使われないのかと言いますと、やはり例外があります。

▶いつ私があなたの日記を読んだというのよ？
　➡ **When** have I read your diary?

　例えば、夫婦や兄弟姉妹の間の会話という文脈を考えてみてください。形は疑問文ですが、いわゆる反語で、この場合は「読んだことなど全然ないわ」と否定の意味を強めています。"I've never read your diary." とほぼ同意です。
　次の例では、"When〜?"がたずねているのは、過去の一時点（いつ決めたか）ではなくて、**未来の時点**（いつ始めるか）です。

▶そのプロジェクトをいつ始めることに決めましたか。
　➡ **When** have you decided **to begin the project** ?

　"When" は "have ... decided" ではなく、"to begin the project" を修飾している（*cf.* When will you begin the project?）ので、同じ文に完了形があってもかまわないのです。（☞この文型についての詳細は210項を参照）

180

160 過去形にも現在完了形でも使える語句は？

☑ 過去を表す語句でも、〈since ～〉の形では現在完了形にも使えます。

私は**きのうから**彼女を見ていない。
I haven't seen her **since yesterday**.

　明らかに過去の一時点を示す語・句と現在完了形はいっしょに使うことができません。しかし、〈since ～〉という形では使われるものがあります。

▶ 私はきのうは彼女を見ていない。

　➡ I **didn't see** [× haven't seen] her **yesterday** .

▶ 私はきのうから彼女を見ていない。

　➡ I **haven't seen** [× didn't see] her **since yesterday** .

▶ 彼女は2年間 [2年前から] 彼と口をきいていない。

　➡ 1) She **hasn't spoken** with him **for two years** .

　× 2) She **hasn't spoken** with him **since two years ago**.

▶ ナオミのことはとっくにあきらめたよ。

　➡ I **gave up** [× have given up] Naomi **long ago** .

　ただし、2) の〈since ～ ago〉は**正式な形としては認められていない**ので、1) のように〈for ～〉の形にするのが正しい語法です。"long ago"は過去形だけで使います。

　次のような副詞は**現在完了にも過去形にも**使えます。

▶ 彼はすでに床に入ってしまった。

　➡ He **has** **already** **gone** to bed.

▶ 私が帰ってきたとき彼はすでに眠っていました。

　➡ He **was** **already** asleep when I came home.

▶ 彼女には前にも会ったことがある。

　➡ I **have met** her **before** .

▶ 前に彼女に会った。

　➡ I **met** her **before** .

161 　過去完了形を使うべき場合とは

☑ 例えば、過去のある時点までの状態の継続を表す場合です。

2006年には彼らは**結婚して**12年たっていた。
In 2006 they **had been married** for twelve years.

　過去のある時点を**基準**にして、それよりも前に起こったことを述べる**とき**には過去完了を使います。これは現在を基準にしてこれまでに起こったことを述べる現在完了を、**そのまま過去のほうに平行移動した**ことになります。

▶ 2006年には彼らは結婚して12年たっていた。
　➡ In 2006 they **had been married for twelve years**.

"In 2006"という過去の時点を基準にして、それまでに12年間結婚している状態が続いていたということです。

▶ 1) 私が空港に着いたときには彼女の飛行機はすでに離陸していた。
　➡ When I arrived at the airport , her plane **had already taken off**.
▶ 2) ギリシャ料理を食べたのはそのときが初めてだった。
　➡ That was the first time I **had ever eaten** Greek food.

　1) は過去のある時点までに動作が完了していたこと、2) は過去のある時点での経験を表しています。
　また、「間接話法」の伝達動詞（say, tell など）の後に来る過去完了は**直接話法の過去・現在完了の代わり**をします。

▶ 彼女は前の週にケンを見かけたと言った。
　➡ She said (that) she **had seen** Ken the week before.　　[間接話法]
　➡ She said, "I **saw** Ken last week."　　[直接話法]
▶ 彼は最近ユキを見かけないと言った。
　➡ He said (that) he **hadn't seen** Yuki recently.　　[間接話法]
　➡ He said, "I **haven't seen** Yuki recently."　　[直接話法]

過去完了形を使う重要な表現とは

☑ 例えば、「〜しないうちに…した」を表す文です。

それほど眠ら**ないうちに**夜が明け始めた。
I **had not slept** long **when** [**before**] it began to dawn.

過去に起こった出来事の前後関係が、"before" や "after" などにより明らかなときには、無理に過去完了を使わなくてもかまいません。

▶ 音楽が終わった後、舞台は暗くなった。
　➡ After the music **was** over, the stage **got** dark.
▶ 彼女はベッドに入る前に窓を閉めた。
　➡ She **closed** the window before she **got** into bed.

ところが、**次の動作が始まる前に最初の動作が完了した [しなかった]
ことを強調する場合**には、過去で過去完了を代用しないことが基本ルールになっています。次のように「〜しないうちに…した」とか「〜してようやく…した」という状況を英語で表現する場合にぴったりです。

▶ それほど眠らないうちに夜が明け始めた。
　➡ I **had not slept** long **when** [**before**] it began to dawn.
▶ 彼が2時間待ってようやく彼女がやってきた。
　➡ He **had waited** for two hours **when** [**before**] she came.

次の例は書きことばにおいてよく見かける表現です。

▶ 部屋に入ったとたん、彼らは口論を始めた。
　➡ They **had hardly** [**scarcely**] **got** into the room **when** [**before**]
　　they began to quarrel.

この「〜したとたん…した」は次のように過去の文に書きかえることができます。こちらのほうがふつうで会話にも使えます。"as soon as 〜"
（〜するや否や）はおなじみの表現ですね。

　➡ **As soon as** they **got** into the room, they began to quarrel.

☑ 口語では未来形で代用されることが多いですが、代用できない場合もあります。

10分でそれを終え**ておきましょう。**
I'll finish [**will have finished**] it in ten minutes.

　未来完了は未来のある時点までの動作の完了や、そのときまで状態が継続することを表すもので、**現在完了をそのまま未来のほうに平行移動したもの**と考えられます。

　しかし〈will have＋過去分詞〉は**重い感じ**がし、精選した正確な文体では用いられますが、堅苦しいので口語では避けられています。実際には**口語では未来形が代用**として多く使われます。

▶ 10分で用紙に記入しておきましょう。
　➡ I'**ll fill** [will have filled] in the form in ten minutes.
▶ 我々が港に着く前に船は出ているだろう。
　➡ The ship **will sail** [will have sailed] before we reach the harbor.

　しかし、**未来のある時点までの経験を表す場合**には、**未来形に代えることができません。**

▶ もう一度そのビデオを見たら、5回見たことになっちゃう。
　➡ If I see the video once more , I'**ll have seen** [× will see] it five times .

　また、**未来のある時点までの状態の継続を表す場合**も、未来形には代えられません。次のような状況はよく見聞きするところでしょう。

▶ 「来月で知り合ってから3年になるね」
　「それがどうしたって言うのよ？」
　➡ " By next month we '**ll have known** [× will know] each other for three years ."
　" So what? "

　"So what?"（それで？）とは、つれないことばです。使い方によっては、かなり無礼・失礼に聞こえますから要注意です。（☞ 179項 *More* にも類例）

第12章
形容詞なら楽勝だって？

形容詞は、難しいのは比較構文だけで、文法的にはあまりてこずるようなことはなさそうに思われます。しかも比較構文は形容詞というよりも、それ自体の構造が難しいと言えます。

しかし、形容詞はよく吟味してみると複雑な点が相当あります。例えば、名詞を修飾する場合、その前にしか位置しない形容詞（例：the main street; × The street is main.）と、逆に "A is B" の形でしか用いられない形容詞（例：The whale is still alive.; × the alive whale）があります。また、日本語では同じような訳語になる形容詞でも微妙に意味が異なっていて、私たち日本人には区別がつきにくいものがあります。

さらに、同じ形容詞がその後に続く名詞によって意味が異なることもあります（例：a fast train と a fast door）。

この章では、そうしたものの中から、読者のみなさんに興味深いと思われるものを紙幅の許す範囲でとりあげることにしました。

同じ形容詞でも意味が違う場合とは

☑ 例えば、次の**2**つの **"old"** は同じ意味ではありません。

my **old** friend	私の**古くからの**友だち
My friend is **old.**	私の友人は**年をとっている**。

ほとんどの形容詞はふつう次のように言うことができます。

the **dull** book（退屈な本）	→	The book is **dull**.（その本は退屈だ）
the **green** field（緑の野原）	→	The field is **green**.（その野原は緑だ）
the **old** castle（古い城）	→	The castle is **old**.（その城は古い）

ところが、同じ "old" を使っても上のように言えない場合があります。

"my old friend" は「長い間知っている友人、古くからの友人」(a friend of mine I have known for a long time) の意味です。一方、"My friend is old." は友人が「年寄り」であるという意味です。

したがって、次のような文も成り立ちます。

▶ トムは年寄りではないが、私の古くからの友人だ。
➡ Tom isn't **old**, but he is my **old** friend.

また、意味によって使い方が変わる、次のような例もあります。

a **complete** work	The work was **complete**.
完全な作品	その作品は完全なものだった。
a **complete** stranger	✕ The stranger is *complete*.
赤の他人	？そのよそ者は完全だった。

〈A is B〉の形で使えない形容詞については、167項で扱います。

More firm「確固とした / 強硬な」

彼女は私の変わらぬ友だちだが、お固くはない。
She is my **firm** friend, but she isn't **firm**.

駄洒落ですが、友だちというものはこうあってほしいものです。

形容詞どうしの語順は変えられるか

☑ 決まっていますが、並べる順番によって意味を変えることもできます。

これは彼の描いた**偉大な絵のうちで最後のもの**だ。
This is his **last great** painting.
これは彼の描いた**最後の絵で、（たまたま）偉大なもの**だ。
This is his **great last** painting.

　形容詞がいくつか並列的に名詞を修飾する場合、その語順は全体としての口調、あるいは個人の好みによっても異なりますが、一般には次のようなものです。

判断・評価 → 大小 → 形状 → 年齢・新旧 → 色彩
beautiful　　long　　round　　young　　red

　冒頭の2つの例文は1番目の言い方がふつうです。しかし2番目の言い方をすることもあります。それぞれ次のように解釈できます。

1）his **last great** painting ＝ the last of his great paintings
　　「彼の描いた偉大な絵のうちの最後のもの」
2）his **great last** painting ＝ his last painting, which is great
　　「彼が最後に描いた絵で、（たまたま）偉大なもの」

　関係代名詞に「制限用法」と「非制限用法」があるように、**形容詞にも後続する名詞を強く限定する形容詞と、補足説明的な形容詞がある**と考えられます。例文の1番目では"great"が制限用法で、"last"が非制限用法、2番目では逆に"last"が制限用法、"great が"非制限用法というわけです。**名詞に近いほうがその意味を強く限定する制限的な形容詞**というわけです。

3）the **new red** car「新しく、かつ赤い車」
4）the **réd new** car「新しい車のうちで赤い一台」

　ここでは3）は新旧を表す"new"が色彩を表す"red"よりも先にきているので、ふつうの順序です。4）はこの順序を逆にしたもので、実際に話すときには"red"を強く発音します。

166 「〜してうれしい」と言うとき "happy" をどう使うか

 人を主語にして使います。〈It is 〜〉の形では使えない形容詞があります。

私は彼女に**会えてうれしい**。
I'm happy to see her [that I saw her].

　形容詞には〈A is B〉の形でBに用いられる「叙述用法」と呼ばれるものがあります。「叙述」とは物事を順を追って述べることです。しかし、すべての形容詞がこの形に使われるわけではありません。

　"happy", "glad", "sure", "confident", "sorry", "anxious" などは、**主語が「人」の場合**にだけ上の形で使われます。

▶ 私は彼女に会えてうれしい。

　➡ **I'm happy** [**glad**] to see her [that I saw her].

　× *It is* happy [glad] *for me* to see her.

▶ 私たちのチームはきっと勝つだろうと思う。

　➡ **We're sure** that our team will win.

　× *It is* sure that our team will win.

「〜な…（名詞）」と言うときの用法は「限定用法」と呼ばれるものです。

▶ 彼は幸せな男だ。

　➡ He is a **happy man**.

　この場合、"The man is happy." と言えますが、"This is a happy song."（この歌は楽しい気分にしてくれる歌だ）とは言えても、× "This song is happy." とは言えません。

　このように形容詞にもいろいろな用法の制約があることがわかります。

 〈It is certain that 〜〉はOK

ちなみに2番目の例文は sure の代わりに certain を使っても同じ意味を表すことができます。その場合は "It is certain that 〜" の形が可能です。

　We are certain that our team will win.
　= **It is certain** that our team will win.

いつも "something 〜" と言えるのか

☑ **-thing** の後に置ける形容詞には制限があります。

○ 何か**冷たい**飲み物 ➡ something **cold** to drink
× 何か**メイン**なもの ➡ something *main*

　英語では次の例のように、-thing, -one, -body で終わる代名詞を修飾する場合には、形容詞をつねにその後ろに置くことはご存知と思います。

▶ 何か冷たい飲み物をもらえますか。

　➡ Will you give me **something** (which is) **cold** to drink?

▶ うちの課では若くて有能な人を探している。

　➡ Our section is looking for **someone** (who is) **young** and **able**.

　これは、次のように考えれば納得がいきます。

　この形は、上の（　）内が省略されたものと考えてみましょう。つまり、この "cold", "young", "able" は〈**A is B**〉の形の**B**で使える形容詞なのです。したがって、**この用法をもたない形容詞はこうした語の後に来ることはできません**。

　例えば、日本語では「これがメインです」と言えますが、英語では×"This is *main*." とは言えません。"main" は "This is the main street."（これが大［本］通りです）のように**つねに名詞の前にしか使えない形容詞**です。したがって、×"something *main*" とも言えません（同じ意味は "something central" となら言えます）。

　さらにいくつか例をあげておきましょう。

▶ 彼はほんの子どもだ。

　➡ He is a **mere** child. 　［× somebody *mere*］

▶ 彼女は私のただ1人の姉妹です。

　➡ She is my **only** sister. 　［× someone *only*］

▶ 日本の総人口は1億人を越します。

　➡ The **entire** population of Japan is over one
　　 hundred million.

　　［× something *entire*］

形容詞を名詞の後ろに置くと意味が変わる？

☑ 置く位置によって意味が変わる形容詞があります。

日本の古来の文物	➡ things **Japanese**
日本の物（お土産、日本製品など）	➡ **Japanese** things

　形容詞一語だけでも、名詞の前に置く場合と後ろに置く場合で、意味が微妙に異なるものがあります。

▶ 1) 日本の古来の文物
　➡ things **Japanese**
▶ 2) 日本の物（お土産、日本製品など）
　➡ **Japanese** things

　1) は物質的な「物」ではなくて、習慣・慣習、風俗、伝統、芸術など、culture に近い抽象的なものを指しています。これに対して 2) は、"things that are made in Japan" つまり具体的なものを指していると考えられます。
　次の例では、前置と後置で意味がかなり異なっています。

▶ 私は現在の仕事にとても満足している。
　➡ I'm quite satisfied with my **present** job.
▶ 出席した女性たちはすばらしいドレスの数々に魅了された。
　➡ **The women** present were fascinated by lots of wonderful dresses.
▶ 適切な方法でそれをやらなくてはいけない。
　➡ You should do it the **proper** way.
▶ 強い寒気が日本本土を覆っている。
　➡ There is a very cold air mass over **Japan** proper .
▶ 彼女は信頼できる人である。
　➡ She is a **responsible** person.
▶ 彼女はその件の責任者［その件に責任がある人］だ。
　➡ She is the **person** responsible for that matter.
▶ 彼はどんな難題にも対処できる、有能な経営者だ。
　➡ He is an **able** manager able to cope with every difficult problem.

"-ed" をつければ何でも形容詞にできるか

☑ 名詞の意味を特定化するための別の情報も必要となります。

片目のジャック
× ***An Eyed*** Jacks　○ **One-Eyed** Jacks（映画の題名）

　日本でも人気のあるカナダの作家モンゴメリーの『赤毛のアン』の原題は "Anne of Green Gables" ですが、邦題から英訳すれば、"Red-Haired Anne" となります。また、ずいぶん昔（1961年）ですが、マーロン・ブランド（Marlon Brando）主演の "One-Eyed Jacks"『片目のジャック』という映画がありました（原題では "Jacks" と複数形であることに注意してください）。

　このように、名詞（hair, eye）に "-ed" をつけると形容詞として使うことができますが条件があります。次のように**単独で使うことはできません**。

　× *an eyed* man　× *a haired* girl

これに対して単独で使うことのできるものもあります。

　○ **a bearded** man（ひげをはやした男）

　「目」や「髪の毛」や「脚」はいずれもその人にもともと備わったものですから、それを所有していることを述べるのはあまりにも当然のことで、意味がありません。

　したがって、**形容詞になるためには名詞の意味を特定化するための一定の情報量、すなわち別の言葉**（one-eyedの "one" とか、red-hairedの "red" とか）**が必要になる**のです。

　一方、「ひげ」はそれをはやす人もいればはやさない人もいますので、特定化されていると言えます。

　しかし、「2軒の家をもった人」を× "*a two-housed* man" のように言うことはできません。「家」は他人に譲渡できるものですが、「目」「脚」「ひげ」などは他人に譲渡できません。

　こうした、**「所有の仕方」によって、その名詞に "-ed" をつけて形容詞に使えるかどうかが決まります。**

「真っ赤な嘘」は "a red lie" か

☑ いいえ、それこそ真っ赤な嘘です。"**a downright lie**"などと言います。

> 彼はそこに行かなかったと言ったが、それは**真っ赤な嘘**だった。
> He said he hadn't gone there, but it was **a downright lie**.

　色は言語や文化と密接な関係があります。例えば、虹には何色あるでしょうか？　私たち日本人は7色と信じて疑いませんが、イギリス人は6色、ドイツ人は5色、ロシア人は4〜7色と思っているのです。文字通り色々です。

　さて、「真っ赤な嘘」は×"*a red* lie"とは言わずに、"**a downright / an outright** lie"などと言います。これとは逆に、日本語では「真っ白い［黒い］嘘」とは言いませんが、英語では次のような言い方をします。

> a white lie（罪のない［悪意のない］嘘）
> a black lie（悪意のある嘘）

日本語と英語における「色」についての相違の例をあげておきましょう。

▶ この種の仕事じゃ、おまえはまだ青二才だよ
　➡ You are still **green** at this kind of job.

▶ 十代の若者たちは桃色遊戯にふけっていた。
　➡ The teenagers were absorbed in **sex** play.

▶ 警察はどうやら彼を黒だとめぼしをつけているようだ。
　➡ The police seem to suspect that he is **the guilty one**.

▶ 青い顔してるね。気分でも悪いの？
　➡ You look **pale** [×blue]. Do you feel sick?

▶ ふさいでいるようだが、何があったのかい？
　➡ You look **blue**. What's happened?

▶ ゴールデンアワーはふつう午後7時から10時までです。
　➡ **Prime time** is usually from 7 to 10 p.m.

▶ おまえはほんとに臆病者だな。
　➡ You are just **yellow**.

171 「多い」には "many" でよいか

☑ **"many" 以外を使う/使うべき場合がたくさんあります。**

東京の人口はとても**多い**。
Tokyo's population is very **large**.

100という数字も5という数字もともに1つの数字です。このような場合、英語では、

The number 100 is **larger** than the number 5.
（100という数は5という数より大きい）

と言います。ところが、日本語では「数が多い・大きい」とどちらも言える場合があります。「人口が多い・大きい」という場合などがそれです。

英語では、人口とはある特定の地域、国などに住んでいる人々の数 (population = the number of people living in a particular area, country, etc.) ですから、それが**5千人だろうと1千万人だろうと1つの数で、それが大きいか小さいか**ということになるのです。

"many/few" を使わない数・値段などの表現をまとめておきましょう。

▶ 人口が多い/少ない。
　⇒ The **population** is large/small [×many/few].

▶ 私は彼女から多額/少額のお金を借りた。
　⇒ I borrowed a large/small [×many/few] **amount** of money from her.

▶ 鮭の量は多い/少ない。
　⇒ The **amount** of salmon is large/small [×many/few].

▶ 聴衆の数は多かった/少なかった。
　⇒ The **audience** was large/small [×many/few] **in number**.
　⇒ There was a large/small [×were many/few] **audience**.

"many" は "Flowers weren't many."（花は多くなかった）のように使うのはまれで、同じ意味では "There weren't many flowers." と言うのがふつうの表現です。

"many", "much" はいつ使ってもよいか

☑ 肯定文では **"a lot of"** や **"lots of"** を使うのがふつうです。

> 彼女は女の友だちは**たくさん**いるけど、男の友だちは**それほどいない**。
> She's got **lots of** female friends, but she doesn't
> have **many** male friends.

"many", "much" は肯定文では（特に口語では）ふつう使われず、**疑問文・否定文・条件文で使われます**。肯定文では代わりに **"a lot of"** や **"lots of"** を使うのが自然です。

▶ 彼には時間がたくさんある。
　⇒ He has **a lot of** time［× much time］.
▶ 彼女は女の友だちはたくさんいるけど、男の友だちはそれほどいない。
　⇒ She's got **lots of** female friends, but she doesn't have **many** male friends.

"many" と "much" は肯定文では "as", "so", "too" の後に使われる場合以外は、不自然に聞こえます。

▶ 仕事が多すぎてもっと早く帰れなかったのだ。
　⇒ There was **so much** work that I couldn't come home earlier.
▶ 障害物があまりにも多くて目的地に着くのにとても苦労した。
　⇒ There were **too many** obstacles, so it was only after **a lot of** difficulties that we got to our destination.

形式ばった文では "many", "much" はそれほど不自然には響きません（次の例1）。肯定の平叙文でも主語に many が使われるのはかまいません（☞例2）。

▶ 1) 多くの心理学者の意見では、その社会現象は異常だと考えられている。
　⇒ In the opinion of **many** psychologists, the social phenomenon is regarded as abnormal.
▶ 2) 多くの友だちが彼女を見舞いに来た。
　⇒ **Many** friends came to see her in hospital.

第13章
副詞を甘く見ると痛い目にあう！

五文型の要素として副詞が含まれていないためか、副詞を軽く考える学習者が多いようです。しかし、実際には副詞が文を成り立たせる要素として欠かせない場合もあります。

副詞はその種類によって位置が変わります。日本語と同じように比較的自由に位置を変えることができるものもあれば、固定しているものもあります。また、位置が変わると修飾する語・句や意味が異なる場合もあります。

また、位置は変わらないが、強勢の置き方、つまりどの語・句を強く言うかによって解釈が異なることがあります。

例えば、"We have a game on Sunday, too." という文は3通りの意味に解釈することができます。

また、次の2つの文はよく似ているようですが、"so" の後の語順が異なることに注意してください。

"She can swim." ―"So she can."
「彼女は泳げるのよ」―「おや、そうなの」
"I can swim." ―"So can she."
「私は泳げるのよ」―「彼女だって泳げるわ」

この章では主にこうした副詞の特徴
を見ていくことにします。

副詞はどこに置けばいいのか（1）

☑ 日本語のようにかなり自由なものがあります。

彼女は**いつも**妹とディスコに行く。
She **always** goes to a disco with her sister.
Always she goes to a disco with her sister.

　日本語の語順はご承知のとおり、かなり融通性のあるものです。例えば「彼女はいつも妹とディスコに行く」は次のような語順が可能です。もちろんニュアンスは少しずつ異なります。

　彼女は妹といつもディスコに行く。
　いつも彼女は妹とディスコに行く。
　いつも妹とディスコに行く彼女は。
　ディスコにいつも彼女は行く妹と。

　他にも可能な表現はありますが、英語では基本的には次のように"always"という副詞だけがかなり自由にその位置を移動することができます。

1) She **always** goes to a disco with her sister.
2) **Always** she goes to a disco with her sister.
3) She goes to a disco with her sister **always**.
4) She goes to a disco **always** with her sister.

　頻度を表す副詞は 1) のように「普通動詞」（go など）の前が最もふつうの位置です。「be 動詞」や「助動詞」がある場合には、その後に続けるのが一般的な位置です。（ただし、"not" と頻度を表す副詞の組み合わせは注意が必要です。204 項を参照してください）

▶ いつもきみのことを思っているんだ、ナオミ。
　➡ You **are always** on my mind, Naomi.
▶ 僕たちは勝つためにいつも精一杯やってきた。
　➡ We **have always tried** to do our best to win.
　　　助動詞　　　　　普通動詞

174 副詞はどこに置けばいいのか (2)

☑ 「時」を表す副詞もいくつかの位置に来ます。

> ジョアンは**いま**とても幸せである。
> **Now** Joan is very happy. / Joan is **now** very happy.

「**時**」を表す副詞もその位置はかなり流動的です。次のように、文頭・文中・文末のいずれにも来るものがあります。

▶ ジョアンは今とても幸せである。
  ⇒ 1) **Now** Joan is very happy.
  ⇒ 2) Joan is **now** very happy.
  ⇒ 3) Joan is very happy **now** ↗.
▶ 彼は最近結婚した。
  ⇒ 4) **Recently** he got married.
  ⇒ 5) He **recently** got married.
  ⇒ 6) He got married **recently** ↗.

3) や6) では上昇調のイントネーションになるのがふつうです。

「**様態**」(〜のように)を表す副詞では、〈動詞＋前置詞＋目的語〉の場合には、前置詞の前でも目的語の後ろでもかまいません。

▶ 彼女は彼を疑わしそうに見た。
  ⇒ She looked suspiciously at him.
  ⇒ She looked at him suspiciously.

また、〈to不定詞〉のtoと動詞原形の間に副詞を入れる場合があります。口語でよく使われます。

▶ 男はゆっくりとベッドから出始めた。
  ⇒ The man began to slowly get out of the bed.　　[口語文]
  ⇒ The man began slowly to get out of the bed.　　[ふつうの文]

175　副詞を並べる順序は適当でもよいか

☑ だいたい決まっているので覚えておきましょう。

> 私は**1970年4月13日に**生まれました。
> I was born **on April 13, 1970**.

1つの文の中に複数の副詞（句）が現われる場合があります。その場合の順序はだいたい決まっています。（以下、「副詞」で話を進めます）

▶ 1) 私は1970年4月13日に生まれました。
　⇒ I was born **on April 13**, **1970**.　［短→長］
▶ 2) 彼は渋谷の喫茶店で彼女を待った。
　⇒ He waited for her **at a coffee shop** **in Shibuya**.　［狭→広］
▶ 3) 私たちは正午に駅で彼を出迎えました。
　⇒ We met him **at the station** **at noon**.　［場所→時］

時・場所を表す副詞を1つの文中で複数使う場合には、1) や2) のように**小さな単位を先に出す**というのが原則です。時を表す副詞と場所を表す副詞を同時に使う場合には、3) のように**場所を先に出す**のがふつうです。

特に会話などで読者や聞き手の注意を向けたい場合、次のように**文頭で言う**こともあります。

▶ 4) 1999年には、京都で大きな大会があった。
　⇒ **In 1999**, there was a great convention **in Kyoto**.

また、様態を表す副詞と時を表す副詞（☞詳細は前項を参照）を同時に使う場合には、**様態の副詞は動詞の後**（☞次の例5）、**あるいは目的語の後**（☞例6）に置きます。（以下は、"suddenly"（突然）と"thoroughly"（徹底的に）が様態の副詞です）

▶ 5) ある晴れた朝、突然彼は姿を消した。
　⇒ He disappeared **suddenly** **on a fine morning**.
▶ 6) 彼女は毎日部屋をすっかり掃除した。
　⇒ She cleaned the rooms **thoroughly** **every day**.

✅ 「文全体を修飾する副詞」と「語・句を修飾する副詞」の場合です。

明らかにあなたはそうは言いませんでした。
Clearly you haven't said so.
あなたは**はっきりとは**そう言いませんでした。
You haven't said so **clearly**.

　副詞は動詞や形容詞など、すなわち、文中の一部の「語」（あるいは「句」）を修飾することが多いのですが、そればかりではなくて、**「文全体」を修飾する場合**があります。

▶ 1) 明らかにあなたはそうは言いませんでした。
　⇒ **Clearly** you haven't said so.
　= **It is clear that** you haven't said so.

▶ 2) あなたははっきりとはそう言いませんでした。
　⇒ You haven't said so **clearly** .
　= You haven't said so **in a clear way**.

　1) では"clearly"が文頭に、2) では文末に来ています。"always"とは異なり、"clearly"は**位置が違えば意味も違ってくるタイプの副詞**です。
　1) は**動詞も含めた文全体を修飾**しています。この種の副詞を文字通り「文修飾の副詞」と呼ぶことがあります。2) はsaidという**動詞のみを修飾**している、「語修飾の副詞」です。
　1) とは違い、文修飾の副詞が文頭・文中・文末に来る例もあります。

▶ 残念なことに彼は決して金持ちではなかった。
　⇒ **Unfortunately (,)** he was never rich.
　⇒ He was **unfortunately** never rich.
　⇒ He was never rich, **unfortunately** .
　= **It was unfortunate that** he was never rich.

"informally"（形式張らずに（言えば））, "evidently"（どうやら～らしい）や副詞句の"without (a) doubt"（疑いなく）などもこの例です。

"too"の「〜も」が、どれを指すのかわからない

☑ 文脈や強勢によって決まるので、使う場合はそれを意識しましょう。

He likes you, **too**.
彼は**あなたも**好きなのよ。 / **彼も**あなたが好きなのよ。

　何かを言う場合には、必ずそれに対応する状況・文脈があります。例えば、会社の女の子たちが集まって、話をしています。

▶ 1)「彼はあなたが好きよ、亜矢子」「彼はあなたも好きよ、由香里」
　➡ "He likes you, Ayako." "He likes **yóu**, too , Yukari."

▶ 2)「私、彼が好きなの」「彼もあなたが好きなのよ」
　➡ "I like him." "**Hé** likes **you**, too ."

　同じ文が文脈によって2通りに解釈できます。

　1) はyouを、2) はHeを強く言います。これは対照するものを際立たせるためです。もちろん、tooにも強勢がありますが、これは両方の場合とも同じです。

　次の例では3つの解釈ができます。

▶ We have a game on Sunday, too .
　➡ 3) 私たちも日曜日に試合をします。　（他の人々もするが）
　➡ 4) 私たちは日曜日に試合もします。　（他のこともするが）
　➡ 5) 私たちは日曜日にも試合をします。（他の曜日にもするが）

　前述のように、英文中で日本文の下線部に相当する語に強勢が置かれます。

More 否定文で「〜も…ない」と言う場合

"too"は否定文では使いません。代わりに "either" や "neither" を使います。

"I can't dance." "I can't, **either**. [**Me neither**.] "
「おれ踊れないんだ」「おれもだよ」

アメリカの口語では単に "Me neither." と言うことがあります。

178 "so"の使い方は「そう」でよいのか（1）

✓ よいですが、いろんなものを代用することができます。

「彼女にだまされたよ」「だから**そう**言っただろう」
"She deceived me!" "I told you **so**."

副詞の "so" は "so ～ that" や "so ～ as to"（非常に～なので…）など
のイディオム的な使い方がよく知られていますが、その他にも、単独で
もさまざまな意味・使い方があります。

▶ 1)「彼女にだまされたよ」「だからそう言っただろう」
　➡ "She deceived me!" "I told you **so**."
▶ 2)「雨が降っているよ」「まあ、ほんと（にそう）ね」
　➡ "It's raining." "**So** it is!"
▶ 3)「すっかり疲れたわ」「私も（そう）よ」
　➡ "I'm awfully tired." "**So** am I."
▶ 4)「雪が降りそうだ」「そうだね」
　➡ "It's going to snow."
　　"I hope **so**. / I'm afraid **so**."

1)の "I told you so." は「僕は警告をしたけど、きみは聞こうとしなかっ
た」という意味です。"so" はこの場合 "(that) she would deceive you"
の代わりをする、**一種の代名詞のような働き**をしています。

2) は "Yes" の代わりに "So" を使うと、**話し手の意外な気持ち**、「あら」
「おや」といったニュアンスが表されます。

3) では、"So" の後ろが**倒置**（am I）になっていることに注意してくだ
さい。これは、"I'm awfully tired, **too**." の意味です。

4) も1) と同じように代名詞的な用法です。"I hope / I'm afraid (that)
it is going to snow." と言いかえられます。"I hope so." は雪を待ち望ん
でいたスキーヤーが使うでしょうし、"I'm afraid so." は寒がりのネコが
こたつの上で使うでしょう。

ただし、こういった動詞の後で前の文を指すのに "it" を用いる場合
もあり、その使い分けについては、149項を参照してください。

"so"の使い方は「そう」でよいのか (2)

☑️ 「そう」以外で **"so"** を用いる会話の決まり文句がたくさんあります。

「調子はどうなの？」「**まあまあね**」
"How are you feeling?" "**So-so.**"

会話では "so" の決まり文句がよく使われます。単独の場合も、他の語句との組み合わせで使われる場合もあります。

▶ 1）「調子はどうなの？」「まあまあね」

➡ "How are you feeling?" "**So-so.**"

▶ 2）彼女は35歳かそれくらいに違いない。

➡ She must be thirty-five **or so**.

▶ 3）それで、あなたが新入りってわけね。

➡ **So**, you're a newcomer, huh?

▶ 4）お茶、コーヒー、ジュースなどが飲めますよ。

➡ You can have tea, coffee, juice, **and so on** [and so forth].

1）"so-so" はこの場合は "not too well" の意味です。商売、人間関係などの具合をきかれたときの応答にも使えます。

2）"or so" は「…かそれくらい」の意味で、数字・数量などを表す語の後に使います。

3）は話を切り出すとか話題を切りかえる場合に使います。ベテラン女性社員が新入りのOL（これは和製英語です）に向かって言う情景を想像できます。

4）の "and so on [and so forth]" はリストをあげた後に、「…など」と付け加えるときに使います。

More 無関心の「それで？」

「ケンはユキと結婚するそうよ」「それがどうしたの？」
"I hear Ken is going to marry Yuki." "**So what?**"

彼のことなど関心がないわ、というわけです（☞ 163項も参照）。

180 「～前に」は "ago" か "before" か

☑ 大雑把に、**"ago"** は「今から」、**"before"** は「その時から」です。

彼は**3日前に**パリに発った。
He left for Paris **three days ago**.

日本語と英語は本質的に異なる言語ですから、訳語がつねに一対一で対応するわけではありません。その好例の一つが「～前に」です。「3日前に」は文脈によって次のようになります。

▶ 1) 彼は3日前にパリに発った。
  ➡ He *left* for Paris **three days** ago.
▶ 2) 彼は3日前にパリに発ったと、その時彼女は言った。
  ➡ Then she said he *had left* for Paris **three days** before.

"ago" はつねにその前に時を表す語句を伴って使われること、および**現在を基点として「～前」の意味を表す**点で、"before" とはっきり区別されます。1) は今から3日前ですが、2) ではその時（その日）から3日前です。

"ago" はつねに**過去時制で使います**（☞次の例3）が、"before" は上の2) や次の4)、5) のように〈時を表す語句＋before〉の場合には過去完了で使います。また、**単独では現在完了・過去でも使われます**（☞例6、7）。

▶ 3) 花はみんなずっと前に枯れてしまった。
  ➡ All the flowers *faded* away **long** ago.
▶ 4) 彼女はその前の週は夫に会っていなかった。
  ➡ She *hadn't seen* her husband **the week** before.
▶ 5) 彼はその事実をとっくの昔に知っていた。
  ➡ He *had known* the fact **long** before.
▶ 6)「ここには前に来たことがあるの？」「うん、1年前に来たよ」
  ➡ "*Have* you *been* here **before**?" "Yes, I *was* here **a year** ago."
▶ 7) ぼくはきみが前に言ったことを今でも覚えているよ。
  ➡ I still remember what you *said* **before**.

「たぶん」は "perhaps" でよいのか

☑ いいえ、英語では「確信度」を表す副詞は使い分けに注意が必要です。

はっきりはわからないが、**たぶん**彼女は来るだろう。
I'm not quite sure, but **maybe** she will come.

英語には話し手の確信の程度を表す種類の副詞がかなりあり、その度合いもだいたい決まっています。私たちが「たぶん」や「おそらく」と言う場合、それほど確信の度合いを意識しては使いませんが、英語の場合はどうでしょうか。

▶ たぶん［おそらく］彼女は来るだろう。
　➡ 1) She will **possibly** come.
　➡ 2) **Maybe** [**Perhaps**] she will come.
　➡ 3) She will **probably** [**likely**／**presumably**] come.

　1) の "possibly" は**確率が半分以下**の場合に使います。日本語だったら「よくはわからないが、ひょっとしたら」のニュアンスに近いでしょうか。

　2) の "maybe" と "perhaps" は同じ意味で、**起こる確率が半々ぐらい**と考えるとき使います。口語では "maybe" のほうがよく使われます。

　3) は**50%～90%ぐらい**（もっともこれは少し幅がありますが）までの確信度を表します。「十中八九」に近い感じです。これよりももっと確実なことを表す場合には、"certainly"「必ず」や "undoubtedly"「疑いなく」、"definitely"「絶対に」、"surely"「きっと」などを使います。

▶ あなた、そんなに働いたら、きっと病気になってしまいますよ。
　➡ You will **certainly** become ill if you work so hard.

More "perhaps" で丁寧な依頼

"perhaps" が丁寧な依頼を表すときに使われることがあります。

よろしかったらご一緒しませんか。
Perhaps you'd like to join us?

Technique 182 — 副詞は単に副えるだけの詞 (ことば) か

☑ いいえ、文を成り立たせる要素として欠かせない副詞があります。

> 継母はシンデレラを虐待した。
> Her stepmother **treated** Cinderella **badly**.

　五文型の要素として副詞が含まれていないためか、副詞 (句) は「副える詞 (ことば)」と思っている人が多いようです。しかし、実際には決してそのようなことはありません。次の例を見てください。

▶ 1) 継母はシンデレラを虐待した。
　➡ Her stepmother **treated** Cinderella **badly**.
▶ 2) 彼女は家族と幸せに暮らしている。
　➡ She **lives** **happily** **with her family**.

　1) では "badly" がないと「継母はシンデレラを扱った」となりますが、日本語でも文が成立しないことがわかります。
　2) には2つの副詞 (句) があります。どちらか一方があれば文は成立しますが、2つともなければ「彼女は暮らしている」となって、おかしな文になります。**副詞 (句) を絶対に必要とするかどうかは動詞の性質によるもの**です。
　さらに例をあげておきましょう。いずれも副詞 (句) (網掛け部分) は文を成立させるための欠かせない要素となっています。

▶ 私は今までそこに長いこといました。
　➡ I have **been** **there** **for a long time**. (☞どちらか1つでも文は成立)
▶ ディビッドはずっとベッドにいた。
　➡ David **stayed** **in bed**.
▶ 彼は皿をテーブルの上に置いた。
　➡ He **put** the dishes **on the table**.
▶ 農夫は牛乳をチーズにした。
　➡ The farmer **made** milk **into cheese**.
▶ 彼女はモスクワへと発った。
　➡ She **left** **for Moscow**.

183 "here" は副詞だから "in here" はおかしいのでは？

☑️ 副詞（句）が名詞化する場合があり、**"here"** などはその代表です。

> **この中は**めちゃくちゃ暑い。
> It's terribly hot **in here.**

意外なことに、副詞（句）には名詞として使われるものがあります。**場所・時・様態などを表す副詞が多い**ようです。前置詞の有無で名詞・副詞の判断が分かれるものもあります。これらは日本語の感覚にも似ているので使い勝手は悪くないでしょう。また、名詞が副詞として使われる例もあります。（☞〈前置詞＋名詞〉の副詞句が主語になる場合については057項を参照）

▶1）この中はめちゃくちゃ暑い。

　➡ It's terribly hot in **here.** 　［名詞］
　　ここはめちゃくちゃ暑い。

　➡ It's terribly hot **here.** 　　［副詞］

▶2）我が家にまさる所はない。

　➡ There is no place like **home.** 　　　　［名詞］（☞**111**項も参照）
　　お願いだからできるだけ早く帰宅してね。

　➡ Please come **home** as soon as possible. 　［副詞］

▶3）去年は我が生涯の最良の年だった。

　➡ **Last year** was the best one in my life. 　［名詞］
　　去年は外国へ行けなかった。

　➡ I couldn't go abroad **last year**. 　　［副詞］

▶4）明日は明日の風が吹く。

　➡ **Tomorrow** is another day. 　　　　　　　　［名詞］
　　明日は健康診断を受けなくてはいけない。

　➡ **Tomorrow** I'll have to have a medical examination. 　［副詞］

▶5）彼女はフランス風に料理をする。

　➡ She cooks in (the) **French style.** 　［名詞］
　➡ She cooks **French style.** 　　　　［副詞：in の省略ともとれる］

第14章
接続詞にはもう一つの顔がある

接続詞は形や用法などから、さまざまな分類がなされています。従来の学校文法では、等位接続詞と従位接続詞とに分類されています。ここでは、その等位接続詞の"and", "but"および"or"について、学校文法ではまずふれられることのない観点から考えてみることにします。

　例えば、みなさんは、"and"は「そして」、"but"は「しかし」と思い込んでいるのではないでしょうか？　しかし、よく見るとそのどちらを用いてもよい場合もあるのです。

　"or"についても、それほどふれられていないが実は非常に重要な点にスポットライトを当ててみました。

　従位接続詞では、特に"that"と"as"を取り上げました。"that"については、「こういう場合に用いる」というのではなくて、「こういう場合に省略できる」という逆の観点からアプローチしています。あるべき"that"がないことを知らずに正確な意味を見逃しているかもしれません。"that"に限らず、省略されていることを知らないと意味がとれなくなってしまうことは多々あることなのです。

「しかし」に "and" を使う場合とは

☑ ときには **"and"** でも **"but"** でも **OK** の場合があります。

彼女は来ると約束した**が**、来なかった。
She promised to come, **and** [**but**] she didn't come.

いつも、**"and"** =「そして」、**"but"** =「しかし」だとは限りません。
"and" は語源的に "opposite"「反対の」の意味を含んでおり、この意味が強く出た場合には "and" = "but" になります。

次の "and [but]" はいずれも "on the other hand"「一方」という対照関係を表すものです。

▶ 彼女は来ると約束したが、来なかった。
　⇒ She promised to come, **and** [**but**] she didn't come.

▶ あなたは菜食主義者なのに、肉を食べるのね。
　⇒ You're a vegetarian, **and** [**but**] you eat meat?

▶ 私の車は黒だが、きみのは青だ。
　⇒ My car is black, **and** [**but**] yours is blue.

"yet" が加わることもあります。

▶ 彼は一所懸命やってみたが、失敗した。
　⇒ He tried hard **and** [**but**] **yet** he failed.
　= He tried hard **only to** fail.
　　☞ **only to do** は「結果」を表す to 不定詞の用法

▶ 彼女は怒っていたが、それでも彼の言うことに耳を傾けた。
　⇒ She was angry, **and** [**but**] **yet** she listened to him.

関係代名詞の「非限定用法」も2通りに解釈できる場合があります。このように、日本語の「が」も意味があいまいです。(065項も参照)

▶ 私はボールをトムにパスしたが、彼はそれをケンにパスした。
　⇒ I passed the ball to Tom, **who** passed it to Ken.
　⇒ I passed the ball to Tom, **and** [**but**] **Tom** passed it to Ken.

"and" は何と何を結びつけるのか（1）

☑ 文法的に見て対等のものを結びつけるのが原則ですが…

ジュリアとベスはとても幸せです。
Julia and Beth are very happy.

"and" は文法的に対等のものを結びつけるのが原則です。つまり、〈A and B〉でAが名詞ならBも名詞、Aが動詞ならBも動詞ということです。そして、〈A and B〉の形は基本的には、AもBもどちらも成立することを表します。次の例を見てください。

▶ ジュリアとベスはとても幸せです。
  ➡ **Julia and Beth** are very happy.
  ➡ **Julia** is very happy. **Beth** is very happy.

次は上の例と形は似ていますが、構造が違っています。"Julia and Beth" で1つの主語になっていて、それぞれを主語にした単独の文を作ることはできません。

▶ ジュリアとベスはほんとうによく似ている。
  ➡ **Julia and Beth** are just alike.
  ✕ Julia *is just alike.* Beth *is just alike.*

次も〈名詞＋ and ＋名詞〉の注意すべき用法です。

▶ 1) モームは英国の小説家であり劇作家である。　　　　　［同一人］
  ➡ Maugham is **an** English novelist **and** [ənd] playwright.
▶ 2) バターつきパン / 受け皿つきカップ　　　　　［ひとまとまりの物］
  ➡ bread **and** butter / cup **and** aucer
▶ 3) 政治家といってもピンからキリまでいる。［種々のもの☞103項も参照］
  ➡ There are politicians **and** politicians.

1) は同一人物の2つの面を述べた文で "and" は [ənd] と**弱く発音**します。**冠詞が1つ**であることにも注意してください。

2) はそれぞれが1つの単語のような扱いで、やはり "and" は弱い発音になりますが、**さらに弱く [n]** となります。

186   "and" は何と何を結びつけるのか (2)

☑ 「そして」にならない場合があります。

> ドアをノックしてるわ。誰だか見**に**行って。
> There was a knock on the door.　Go **and** see who it is.

　"come", "go" の後に〈and ＋動詞〉が続く場合があります。このような場合の "and" は「そして」よりもさらに同時性が強く、「〜しに**来る**[**行く**]」の意味になります。

　ドアがノックされたとき、次のように言うことがあります。

▶ 誰だか見に行って。
　➡ 1) Go **to** see who it is.
　➡ 2) Go **and** see who it is.
　➡ 3) Go **see** who it is.

　1) が最も改まった言い方で、2) がふつう使う言い方です。"and" のない3) はこれよりもくだけた言い方になります。

　程度のはなはだしいことを表して、その動詞の意味を強める場合は、次のように、同じ動詞を "and" で並べます。

▶ 走りに走ったが、終電に間に合わなかった。
　➡ I **ran** **and** **ran**, but missed the last train.

　次の4) は〈形容詞＋ and ＋形容詞〉の形です。5) は4) と同じ形に見えますが、〈**nice** [**good**] ＋ **and**〉＝ **very** の意味になる特別な用法です。5) の "nice and" は **[nàis(ə)n(d)]** と発音されます。

▶ 4) 彼女はとてもすてきでやさしい。
　➡ She is very **nice** **and** gentle.　　[ふつうの使い方]
▶ 5) 彼女はきみにとても怒っているよ。
　➡ She is **nice** **and** mad at you.　　[「とても」]
　　＝ She is **very mad** at you.

"and"の注意すべき使い方を知りたい

☑ 〈名詞・命令文, and＋文〉などがあります。

もうひと言しゃべったら、別れるわよ。
One more word, and I'll divorce you.

先に、"and"は文法的に対等のものを結びつけるのが原則であると話しましたが、いつものように例外もあります。

▶ もうひと言しゃべったら、別れるわよ。
  ⇒ 1) *Say one more word*, **and** I'll divorce you.
  ⇒ 2) *One more word,* **and** I'll divorce you.
  ⇒ 3) If you say one more word, I'll divorce you.

1) の〈命令文, and＋文〉は「〜せよ。そうすれば…」という意味で、ご存知の方も多いでしょう。ところがこの命令文の部分をさらに省略して 2) のように言うことができるのです。2) の斜字体は、形は名詞(句)ですが、"and"とセットになって、意味の上では 3) のように if 節のような働きをしています。1) の**反対の意味は "or"** で表せます（☞083項も参照）。

▶ もうひと言もしゃべらないで。さもないと、別れるわよ。
  ⇒ **Don't say one more word**, **or** I'll divorce you.

「〜だ。しかも…だ」と言う場合、くり返しを避け、後半は〈and that〉で代用することができます。"that"は**前の文を指している代名詞**です。

▶ 彼女はポーランド語を話します。しかもとてもうまく。
  ⇒ She speaks Polish , **and that** very well.
   (that ＝ she speaks Polsih)

同じ〈and that〉でも、次の例は"that"が**接続詞**で、**2番目のthatは省略できません。**（☞ "that"の省略についての詳細は191項を参照）

▶ 彼女は私たちといっしょに行くと、そしてすぐに用意をするからと言った。
  ⇒ She said (**that**) she would come with us, **and that** she would be ready in a few minutes.

188 "but" を「しかし」以外に使う場合とは（1）

☑ ほとんど意味をもたない場合や慣用句がたくさんあります。

> お気の毒です**が**、番号が違っていますよ。
> Sorry, **but** you must have the wrong number.

"but" はその前後に来る要素が対立または対照であることを示すものですが、それ以外にもいろいろな用法があります。

▶ お気の毒ですが、番号が違っていますよ。
　➡ Sorry, **but** you must have the wrong number.
▶ 遅れてすみません。道が込んでいたものですから。
　➡ I'm sorry to be late, **but** the traffic was heavy on the street.
▶ 失礼ですが、あなたのコートはほこりまみれですよ。
　➡ Excuse me, **but** your coat is dusty.
▶「きみはどうして行かなかったの」「いや、行ったよ」
　➡ "Why didn't you go?" "Oh, **but** I did."
▶ まあ、この赤ちゃんなんてかわいいのかしら！
　➡ **But** how lovely this baby is!

　上の "but" はいずれもほとんど意味をもっていなくて、慣用的に、特に口語で使われるものです。

　最後の文は "but" が文頭に来ています。この言い方はやや女性的な感じを与えることが多いものです。**男性はあまり使わないほうが無難で**しょう。

　また、相関的な語・句を伴った、慣用表現もあります。

▶ 彼女は画家ではなくて、作家である。
　➡ She is **not** a painter **but** a writer.
▶ 彼女は画家であるばかりか、作家でもある。
　➡ She is **not only** a painter **but also** a writer.　　（☞196項も参照）
▶ なるほど彼女はきれいだが、やさしくない。
　➡ **It is true that** she is beautiful, **but** she isn't kind.

☑ 「ほんの」「〜を除いて」などの意味でよく使われます。

> 彼に怒ってはいけないよ。**ほんの**子どもだから。
> Don't be mad at him. He is **but** a child.

"but" は「しかし」(接続詞) 以外にも①副詞、②前置詞などとして使われます (☞ 133項も参照)。次の2例は副詞用法です。

▶ 1) 彼に怒ってはいけないよ。ほんの子どもだから。

　⇒ Don't be mad at him. He is **but** a child.

▶ 2) ♪漕げ、漕げ、漕げボート、流れに沿ってやさしく陽気に、楽しく、のんびりと、人生は夢にすぎない♪

　⇒ ♪ Row, row, row your boat, Gently down the stream. Merrily, merrily, merrily, merrily, Life is **but** a dream. ♪

副詞の "but" は "only" や "just" の意味です。2) の例は "Row, row, row your boat." という子供の歌です。"Life is but a dream." という哲学的なすごい歌詞がさりげなくまぎれこんでいます。

次の3) 〜5) の**前置詞の "but" は「〜を除いて」の意味**です。

▶ 3) 彼は女の子のことしか考えない。

　⇒ He thinks of **nothing but** girls.

▶ 4) 彼女は女優なんかじゃないよ。

　⇒ She is **anything but** an actress.

▶ 5) 最後から3番目の服を見せてください。

　⇒ Show me **the last** dress **but** two.

これらはすべて太字部がイディオム化されています。3) は〈nothing but 〜〉で「〜以外に何も…でない」→「**〜だけ**」の意味になります。

4) は〈anything but 〜〉「〜以外なら何でもかまわない」→「**決して〜などではない**」の意味になります。

5) は「最後から2つ除いた」→「最後から3番目」となります。〈the last 〜 but〉は「**最後から…番目**」と言いたいときにぴったりの表現でしょう。butの後の数字に1を足すのがポイントです。

〈A or B〉はいつも「AまたはB」か

☑ 「または」以外に、前の語の言いかえ、訂正・補足に使う場合があります。

彼は1627年に江戸**すなわち**現在の東京で生まれた。
He was born in Edo, **or** present-day Tokyo, in 1627.

〈A or B〉は基本的には、次の例のように、AかBかのどちらかが成り立つことを示します。

▶ 明日か明後日にここに来てもかまいません。
⇒ You can come here **tomorrow** or **the day after tomorrow**.

しかし、次の例では〈**A＝B**〉に近い意味を表します。つまり、Aを言いかえたり、訂正・補足したりする場合に使えるのです。

▶ 1) 彼は1627年に江戸すなわち現在の東京に生まれた。
⇒ He was born in **Edo,** or **present-day Tokyo,** in 1627.
▶ 2) ジムは辞職した、いや私はそう聞いたが。
⇒ **Jim's resigned,** or **so** I've heard.

1) は「江戸」を「現在の東京」と言いかえて、説明しています。

2) の "or so I've heard" は "I've heard it, but I'm not quite sure." 「このように聞いたが、確かではない」と訂正・補足しているのです。

次のように、**前の文をいったん切って、"Or" を文頭に置いて文を始める**こともあります。

▶ きみに前にどこかで会ったよね。いや、そうだったかな。
⇒ I've met you somewhere before.　Or have I?

More that is to say「すなわち」

「言いかえ」の "or" は "that is to say" と替えられます。その場合は後にもカンマを打ちます。

彼女の専攻は動物学、つまり動物の研究です。
Her major is zoology, **or** [**that is to say,**] the study of animals.

接続詞の "that" が省略できる場合とは (1)

☑ 例えば、動詞の目的語になる場合ですが、いつもできるとは限りません。

彼女は、彼は好き**だが**結婚する考えはないと言った。
She said (**that**) she liked him, **but that** she had no
idea of marrying him.

"that" が省略されやすいのは、「～と言う [望む、思う等]」と動詞の目的語になる節を導く場合です。**"say", "wish", "hope", "think", "believe"** のようなよく使われる動詞の場合、口語では省略されるのがふつうです。

▶ 彼女は海外に行っていたと言ってるよ。
  ➡ She **says** (**that**) she's been abroad.

次の例1) のように目的語が文頭に来た場合には省略できませんが、2) のような形では "that" を必要としません。

▶ 彼が無実だということを、私は信じている。
  ➡ 1) **That** he is innocent I believe. [倒置]
  ➡ 2) He is innocent, I believe. ["**I believe**" を後から付け加えている]

次の3) と4) のように、"that" を省くと副詞がどちらにかかるのかまぎらわしいときには省略できません。
  5) のように**目的語の節が2つある場合、後ろの "that" は省略しない**のがふつうです。(☞ "and that" については187項も参照)

▶ 3) 彼は UFO を見たことがあると**その時**私に言った。
  ➡ He told me **then** that he had seen a UFO.
▶ 4) 彼は UFO を**その時**見たと私に言った。
  ➡ He told me **that** then he had seen a UFO.
▶ 5) 彼女は、彼は好きだが結婚する考えはないと言った。
  ➡ She said (**that**) she liked him, **but** that she had no idea of marrying him.

192 接続詞の "that" が省略できる場合とは (2)

☑ ふつうは省略できない場合でも、口語では省略する場合があります。

> きみが来られなかったのは残念だね
> **It** is a pity (**that**) you couldn't come.

that節が主語になる場合はふつう "that" を省略しませんが、「仮主語の it」をたてて、that節が後ろに回る〈It 〜 that ...〉の構文の場合、**口語では、特に that節が比較的短い場合には省略する**ことがあります。

▶ きみが来られなかったのは残念だね。
  ➡ **It** is a pity (**that**) you couldn't come.
▶ 彼女はどうやら私には興味がないようだ。
  ➡ **It** seems (**that**) she isn't interested in me.
▶ 彼は1千万円の収入があるとのことだった。
  ➡ **It** was said (**that**) he had an income of ten million yen.

また、"The trouble [problem] is that 〜"（困ったことに〜だ）の形では口語で省略される場合があります。

▶ 困ったことに、店はみんな閉まっている。
  ➡ **The trouble is** (**that**) all the shops are closed.
  = **The trouble is,** [× , that] all the shops are closed.
  cf. **Unfortunately,** all the shops are closed.

カンマがある場合には "that" を用いないのがふつうです。〈The trouble is〉が *cf.* の "Unfortunately" のように**文を修飾する副詞**（☞ 176項参照）**として感じられる**からでしょう。

 〈All I do is that 〜〉構文での "that" の省略

私に言えるのは「お幸せに」ということだけです。
All I can say is (**that**) I wish you luck.

"All (that) I can say" と、ここでは関係代名詞の "that" も省略されています。

Technique

193 接続詞の "that" が省略できる場合とは (3)

✓ 口語で、相関語句の that 節でも省略される場合があり要注意です。

彼女は背中が**とても**痛く**て**ほとんど眠れなかった。
Her back was **so** sore (**that**) she could hardly sleep.

　動詞以外に、"afraid"、"glad"、"sorry" などの形容詞の後に続くthat節も「目的語」とする考え方もあります。こういった場合、口語的な響きのある、上にあげたような形容詞の後では、"that" を省略するのがふつうです。

▶ きみが何のことを言っているのかどうも理解できないね。
　⇒ I'm **afraid** (**that**) I don't quite understand what you mean.
▶ あなたがパーティに来られないのは残念だわ。
　⇒ I'm **sorry** (**that**) you can't come to the party.

　また "that" は〈so [such] 〜 that ...〉や、〈so that 〜 may [can] ...〉のように相関的に使われますが、口語ではこの場合の "that" が省略されることもあります。特に学校文法ではこの形をほとんど教えていないので慣れが必要でしょう。

▶ 彼女は背中がとても痛くてほとんど眠れなかった。
　⇒ Her back was **so** sore (**that**) she could hardly sleep.
▶ 彼はとても忙しい弁護士なので、自分の時間がほとんどない。
　⇒ He's **such** a busy lawyer (**that**) he has hardly any time for his private life.
▶ 私の車を動かせるように彼にキーを渡してあげて。
　⇒ Give him the key **so** (**that**) he **can** move my car.

More 「強調構文」での "that" の省略

〈It is 〜 that ...〉の「強調構文」で "that" が省略されることもあります。(☞ 061項、220項も参照)

きみが困っているのはマリコのことだろう。
It's about Mariko (**that**) you are troubled.

---

194 〈before ～〉は「～する前に」か「～しないうちに」か

☑ これは日本語の問題です。

> 知ら**ないうちに**庭に出ていた。
> I was out in the garden **before** I knew it.

〈before ～〉と「～する前に」は訳語としていつもぴったり合っている わけではありません。よく例に出されるものとして、次の諺があります。

Look **before** you leap.「跳ぶ前に見よ」(直訳)

これはふつう「転ばぬ先の杖」と訳されています。

▶ 1) 知らないうちに庭に出ていた。
  ➡ I was out in the garden **before** I knew it.
▶ 2) 彼女が帰宅しないうちにきみにこれを話しておきたかった。
  ➡ I wanted to tell you this **before** she came home.

日本語では、2) は「帰宅する前に」と言っても不自然には感じません が、1) では「(それを) 知る前に」では不自然な感じが否めません。

次の3) は〈過去完了＋**before** ...〉で「～してようやく…した」、4) は 〈否定の過去完了＋**before** ...〉で「～しないうちに…した」にあたる表 現です (☞162項も参照)。

▶ 3) 2時間歩くとようやく家の明かりが見えた。
  ➡ **We had walked** two hours **before** lights of houses came into sight.
▶ 4) 3日もしないうちに彼女は新しい仕事をやめてしまった。
  ➡ Three days **hadn't passed** **before** she quit her new job.

 「まかぬ種は生えぬ」

これも諺です。

> 「まかぬ種は生えぬ」(←収穫ができる前に種をまかねばならない)
> You must sow **before** you can reap.

"as"の注意すべき使い方とは（1）

☑ 「〜するにつれて」などと言うときは **"as"** がぴったりです。

年をとる**につれて**、だんだん悲観的になってくる。
As [× **When** / × **While**] I get older, I get more pessimistic.

"as"はさまざまな意味・用法をもっているので、接続詞の中でも特に使い方に迷うものです（☞関係代名詞としての "as" については070項を参照）。

基本的な意味としては時・理由・様態（〜のように）などを表します。

「**時**」を表す "as" は 1) **比較的長い時間のこと**、2) **長い時間に同時に起こること**、3) **短い時間に同時に起こること**などと使い分けられます。これは口語でもよく使われる表現です。

▶ 1) 通りを歩いていると、トシコに会った。
　➡ **As** [**When** / **While**] I was walking down the street, I saw Toshiko.
▶ 2) 年をとるにつれて、だんだん悲観的になってくる。
　➡ **As** [× When / × While] I get older, I get more pessimistic.
▶ 3) ジュディはいつでも私が仕事を始めようとするときにやって来る。
　➡ Judy always arrives **just as** [**when** / × while] I start work.

"as" は "when", "while" に比べると**時間的に厳密ではなく、「〜していると」や「〜するにつれて」のような意味を表すのにぴったり**と言えるでしょう。

また、注意すべき用法として、次のように "though" や "although" と同じく「**譲歩**」（〜だが）を表すこともあります。この場合には**語順が変わる**ので注意が必要です。これは譲歩の意味を強調するもので、主に書きことばの堅苦しい表現で使われます。

▶ 疲れていたけれども、私は働き続けた。
　➡ **Tired as** [**though** / × although] I was, I went on working.
　= **Though** [**Although**] I was **tired**, I went on working.
▶ 奇妙に聞こえるかもしれないが、それは本当だ。
　➡ **Strange as** [**though** / × although] it may sound, it is true.
　= **Though** [**Although**] it may sound **strange**, it is true.

196 "as" の注意すべき使い方とは (2)

☑ 他の語句と組み合わさった慣用的な表現がいろいろあります。

生きている**限り**きみと別れないよ。
I'll never leave you **as long as** I live.

〈as [so] ～as〉の組み合わせが **1 つの接続詞と同じ働きをするもの**が
あります。"so" よりも "as" のほうがふつうです。

▶ 1) 生きている限りきみと別れないよ。

  ➡ I'll never leave you **as long as** I live.

▶ 2) 見渡す限り、都市は火の海だった。

  ➡ **As far as** we could see, the city was a sea of fire.

1) の「～する限り」は**時間の制限・範囲**を、2) の「～する限り」は**距離・
程度の制限・範囲**を表しています。

〈A as well as B〉は〈not only B but also A〉「B だけでなく A」と同じ意
味ですが、この 2 つは**前後に来る語が逆になる**ので注意が必要です。

〈as well as〉の後の動詞の形はその前の動詞の形に一致するのが原則
ですが、**最近では〈-ing 形〉がよく使われます。特に文頭に来る場合は
必ず〈-ing 形〉**になります。

▶ 彼女はピアノを弾くだけではなくて、歌も歌う。

  ➡ She sings **as well as plays** [**playing** も可] the piano.

  ➡ **As well as playing** [× plays] the piano, she sings.

  = She **not only** plays the piano, **but also** sings.

▶ 彼は顔がよいだけではなくて、頭もよい。

  ➡ He is clever **as well as** good-looking.

  = He is **not only** good-looking, **but also** clever.

▶ タバコはにおいが臭くなるだけでなく、危険でもある。

  ➡ Smoking is dangerous, **as well as making** you smell bad.

  = Smoking **not only** makes you smell bad, **but** it is **also**
    dangerous.

第15章
否定の真相、肯定の深層

日本語を学ぶ外国人がこうこぼすそうです。「日本語は最後まで話を聞かないと肯定なのか否定なのかわからない…」と。日本語と英語の大きな違いの1つは「否定」でしょう。

英語では「否定できる部分が2つあって、どちらを否定しても実質的な意味が同じ」場合には、最初の部分を否定するのが原則的なルールです。

「明日は雨が降らないだろうと思う」
「明日は雨が降るとは思わない」

上の2つの文は、意味・内容は同じことを言っています。その場合、英語では次の①のように言うのがふつうで、②のように言うことはまずありません。

① I don't think it will rain tomorrow.
② I think it will not rain tomorrow.

また、否定語は文全体を否定するものと、文の中の一部分（語や句など）だけを否定するものがあります。否定語の位置が変わることによって意味が異なる場合もあります。否定語を用いずに否定の表現ができる場合もあります。

こうした「否定」と、その裏返しである「肯定」の注意すべき点をこの章では見ていくことにします。

"some"は否定文では使えないのか

☑️ 「何人かの・いくつかの〜が…ない」という断定的な文脈では使えます。

女性**の中には**ブランド品が好きでないもの**もいる**。
Some women do**n't** like brand-name products.

"some" は「肯定文で使う」というよりも、「…**である人 [もの] が何人か [いくつか] いる [ある]**」と断定的な内容を表すことばです。ですから、そのような文脈では否定文でも当然 "some" を使えます。

▶ 女性の中にはブランド品が好きでないものもいる。
　➡ **Some** women do**n't** like brand-name products.

この文は「〜な女性が**いる**」とはっきり述べており、形式上は否定文ですが意味的には肯定文とも言えます。次の文と同じ意味になるからです。

　There *are* **some** women who do**n't** like brand-name products.

ここでは "some" は「特定の」に近い意味を表しています。類例をあげます。

▶ 部長は彼らの提案のいくつかは了承しなかった。
　➡ The manager did**n't** accept **some** of their proposals.
▶ あのお店は注文したランチのいくつかを配達しなかったわ。
　➡ The restaurant has**n't** delivered **some** lunches that we ordered.

"some" を "any" に変えると「提案をどれも了承しなかった」、「ランチを1つも配達しなかった」という全面的な否定の意味になってしまいます。

▶ 誰かが彼女にその話をしなかったということがあるだろうか？
　➡ **Could**n't **someone** have told her the story?

上の文は「修辞疑問文」(☞ 218項参照)、すなわち実質的には肯定の意味（誰かがその話をしたはずだ）です。次の肯定文とほぼ同じ意味を表しています。

　➡ **Someone** *must* have told her the story.

☑ **"some"** は肯定文はもちろん、疑問文や条件文でも使えます。

お金もっているん**だろう**？
Do you have **some** money?

"some" は、**肯定的な内容を期待する場合**は疑問文や条件文でも使うことがあります。

▶ お金もっているんだろう？
　➡ **Do you** have **some** money?

もっていることはわかっていて、**相手から "yes" の答えを期待する**ような場合です。"You have some money, don't you ↘?"（お金もってるよね：下降調で言う）あるいは、"I'm sure you do."（もってるのはわかってるんだ）とほぼ同じような感じです。

純粋にお金の有無をたずねる場合には "Do you have **any** money?"（[いくらかでも] お金をもっているのか）となります。これは、先に述べたように、"some" が「何かがある」と断定的で、"any" は「どのような〜でも」（☞詳細は次項）と、どれと特定しない非断定的な語であるためです。ですから、**人にものを勧めたり、頼んだりする場合**にも疑問文で "some" を使います。

▶ もう少しサラダはいかがですか。
　➡ **Will you** have **some** more salad?
▶ お茶をもう少しいただけますか。
　➡ **Could I** have **some** more tea, please?

次の「条件文」でも "some" と "any" の違いがはっきりします。

▶ もし問題があれば、来て私に話してごらん。
　➡ **If** you have **some** [**any**] problem, come and tell me about it.

"some" の場合には、おそらく問題があるだろうし、あっても驚きはしないが、という感じがあります。"any" の場合にはそうした感じはありません。「あるかどうかは不明だが、もしあれば…」といった感じです。

"any"は肯定文でも使えるか

☑ **"any"** は「どのような～でも」の意味で肯定文でも使えます。

「どんな本が読みたいの？」「どんな本でもいいよ」
"What kind of book do you want to read?" "**Any** book will do."

"any"は主に否定文、疑問文、条件文で使いますが、前項でふれたように「**どのような～でも**」を表し、その意味で肯定文でも使えます。

▶「どんな本が読みたいの？」「どんな本でもいいよ」
　➡ "What kind of book do you want to read?" " **Any** book will do."
▶ どんな動物であれ羽毛のあるものは鳥である。
　➡ **Any** animal with feathers is a bird.
▶ いつでも好きな日に来ていいよ。
　➡ Come **any** day you like.

また、**形は肯定文でも、全面的な否定の意味が含まれている場合**にも、"some"ではなくて"any"が使われます。

▶ 彼は電話が（一本でも）あったことを否定した。
　➡ He **denied** that there had been **any** [× some] phone calls.
▶ 彼女はためらうことなく［何のためらいもなしに］同意した。
　➡ She agreed **without any** [× some] hesitation.

上の例では、"deny", "without"が否定の意味合いを生じさせていることにひきずられて「どのような～もない」となり、"any"が使われています。次の例でも、"than"や"before"で始まる節には初めから否定的な意味が含まれている（☞207項も参照）ために"any ～"や"anything"が使われています。

▶ 彼女は他のどの社員よりも勤勉である。
　➡ She is more diligent **than any** [× some] other employee.
▶ トムが何かバカなことを［どんなバカなことでも］しでかす前に止めてよ。
　➡ Stop Tom **before** he does **anything** [× something] foolish.

☑️ "any 〜" を主語にして否定文を作ることは原則としてできませんが…

誰もあなたには賛成して**いません**。
Nobody agrees [× **Anybody doesn't** agree] with you.

否定文を作る場合、**any → not** の順は文法的に正しくありません。

▶ 誰もあなたには賛成していません。
　→ × *Anybody* doesn't agree with you.

また、× "*Not anybody* agrees with you." とも言うことはできませんので、ここでは代わりに "nobody" を使って、次の1)のように言うのが正しいのです。また、"not" と "any" を残しておく場合には2) の言い方ができます。

　→ 1) **Nobody** agrees with you.
　→ 2) There is**n't** **anybody** who agrees with you.

しかし、次のような「〜する人 [もの] は誰でも [何でも] …ない」という文脈では、any → not の語順で言っても問題ありません。これは、下線部が "any ..." を修飾 [限定] しており、**"any ..." が直接的に "not"** **につながっていない**ために、この順番が許されるのです。

▶ 3) 誰でも酒を飲む者は運転してはいけない。
　→ **Anybody** who drinks must**n't** drive.
▶ 4) そんなことを言う人は誰だって正直ではない。
　→ **Anyone** saying that is**n't** honest.

これは次のように "if" を使って言いかえることができます。これを見れば、3) と4) が形の上では否定文ですが、**実質的には一種の条件文**であることがわかるでしょう。

　3*) If **anybody** drinks, he or she **mustn't** drive.
　4*) If **anyone** says that, he or she **isn't** honest.

201 "not"の注意すべき使い方とは

 "not" を使うことにより、場合によっては強い肯定文になります。

私は**とても**心配だった。
I was **not a little** worried.

否定語（"not" や "no" など）が及ぶ（＝否定する）範囲は、

① **文全体にわたるもの**

② **特定の語・句・節だけを否定するもの**

の2つがあります。前者を「文否定」（あるいは全部否定）、後者を「語否定」（あるいは部分否定）と呼びます。①の例をあげておきましょう。

▶ 彼女は誰とも話さなかった。

⇒ She did**n't** talk with anybody.

▶ 誰もあなたに賛成しないだろう。

⇒ **Nobody** will agree with you.

次は②の例です。

▶ 私はとても心配だった。

⇒ I was **not a little** worried.

▶ かなりの訪問客があった。

⇒ We had **not a few** visitors.

上の例では "not" は "a little" または "a few" **だけ**を否定しています。この場合、「少し」「少数の」を否定することで、反対に肯定の意味が強**まる**ことになります。これらを単なるイディオムとして覚えていた方も多かったのではないでしょうか。

また "not" が、"un-" や "in-" などの**「否定を表す接頭辞」をもっている語とともに用いられるとき**にも同じように、肯定の意味が強まります。つまり〈**否定×否定＝肯定**〉の二重否定になるわけです。

▶ 彼女はしばしば外国へ行く。

⇒ She **not infrequently** goes abroad.

＝ She **quite often** goes abroad.

202   "no" や "nothing" を入れれば否定文になるのか

✓ 文の一部だけを否定して、全体としては肯定文になる場合があります。

> 私はこのチケットを**ただ**でもらったの。
> I got this ticket **for nothing.**

"no 〜", "nobody", "nothing", "nowhere" などの否定語を使った文は、**原則的に文全体を否定する「文否定」**（＝前項の①）になります。

▶ その集会に1人も来なかった。
   ➡ **No one** came to the meeting.

▶ 愛ほど大切なものは何もない。
   ➡ **Nothing** is more important than love.

しかし次のような文では "nothing" や "no 〜" があるからといって文全体を否定してはいるわけではなく、否定語は文の一部だけを否定する**一種の「語否定」**（＝前項の②）になっています。注（☞の箇所）で補足したように太字部分をイディオムととらえる方が覚えやすいかもしれません。

▶ 私はこのチケットをただでもらったの。
   ➡ I got this ticket **for nothing.**
     ☞for nothing ①「無料で」②「むだに、目的なしに」（次の例文）

▶ 俺はだてにハーバードを出たわけじゃないよ。
   ➡ I did**n't** graduate from Harvard **for nothing.**
     ☞「{だて（ムダ）にハーバードを出た}のではない」ということ。ハーバードは卒業している

▶ 彼女はいつも文句ばかり言っている。
   ➡ She always does **nothing but** complain.
     ☞do nothing but ＋動詞原形「〜してばかりいる」（☞133項も参照）

▶ 彼はわけもなく部屋を歩き回った。
   ➡ He walked around the room **for no reason.**
     ☞for no reason (at all)「（まったく何の）理由もなく」

2つ以上を同時に否定する方法が知りたい

✓ 〈**either A or B**〉などいろいろな方法があります。

> 冷蔵庫には食べ物も飲み物もなかった。
> There was**n't either** food **or** drink in the fridge.
> There was **no** food **or** drink in the fridge.

「AもBも～でない」というように、**2つ（以上）のものを全部否定**する言い方にはいろいろな形式があります。

▶ 冷蔵庫には食べ物も飲み物もなかった。
  ➡ 1) There was**n't either** food **or** drink in the fridge.
  ➡ 2) There was **neither** food **nor** drink in the fridge.
  ➡ 3) There was **no** food **or** drink in the fridge.

〈not either A or B〉、〈neither A nor B〉、〈no A or B〉がふつうに使われる形です。〈no A or B〉が一番簡単でいいでしょう。

次の〈not A and B〉は原則としては「｛**A＋B｝ではない**」のように**A**と**Bのセットを否定**します。（逆に「Aのみ」や「Bのみ」はありえるわけです）

▶ 菓子は食べたらなくなる。《諺》
  ➡ You can't have your cake **and** eat it.
  ＝ You can't eat your cake **and** have it.

「お菓子を食べて、**そして**それをまだもっている」ということは「できない」と否定しています。同時に両方都合のいいことはできないというわけです。**部分否定**を表します。

〈both ...〉を否定文で使った場合には、「AもBも～でない」という意味にならないことはよくご承知のことと思いますが、念のために例をあげておきます。これも**部分否定**を表します。

▶ 彼と私が両方とも酔っ払っていたわけではなかった。
  ➡ **Both** he **and** I were **not** drunk.
  cf. **Neither** of us *was* drunk.
    （私たちは両方とも酔っぱらっていなかった）☞全部否定

"not"はどこに置けばいいのか（1）

☑ 頻度を表す副詞の否定はそれぞれ個性があるので要注意です！

> 彼は**しょっちゅう**家族のために料理をする**わけではない**。
> He does**n't often** [×**often** does**n't**] cook for his family.

"often" や "frequently" などの**頻度を表す副詞**の場合、"not" の位置によって意図する意味が異なります。

▶ 1）彼はしょっちゅう家族のために料理するわけではない。
　➡ He does**n't often** [**frequently**] cook for his family. ［部分否定］

▶ 2）彼は家族のために料理しないことがしょっちゅうある。
　➡ He **often** [**frequently**] does**n't** cook for his family. ［全部否定］

　1）は「しょっちゅう（often）家族のために料理をする」ことが「ない（not）」ので部分的な否定、2）は「しょっちゅう（often）」→「家族のために料理しない（not）」で全面的な否定というわけです。

　これは "always" の場合も同じです。やはり **"not" を前に置くと部分的な否定、後ろに置くと全面的な否定**になります。

▶ 3）彼女は日曜日はいつも家にいるわけではない。
　➡ She is **not always** at home on Sunday. ［部分否定］

▶ 4）彼女は日曜日には決して家にいない。
　➡ She is **always not** at home on Sunday. ［全部否定］
　= She is **never** at home on Sunday.

　☞ 1）"not" は "always" 以降を否定　2）"not" は "at home on Sunday" を否定

　同じく頻度を表す "usually" はまた事情が違います。**どちらに "not" が来ても同じ意味**になります。"not" は "usually" を否定していません。また、"usually" は文頭に置くこともできます。

▶ 彼女はふつう早起きではない。
　➡ She **usually** does**n't** get up early.
　➡ She does**n't usually** get up early.
　➡ **Usually** she does**n't** get up early.

"not"はどこに置けばいいのか (2)

☑ 強調を表す副詞の場合も置く場所により意味が変わるので要注意です!

待つのは**まったく**気になり**ません**。
I **really** don't [× don't really] mind waiting.

頻度を表す副詞の他に、**強調を表す副詞**の場合にも、"not"が前に来るときと後ろに来るときとでは意味が異なります。

▶ 1) 待つのはそんなには気になりません。
⇒ I don't **really** mind waiting . 　　　　　　　　　[部分否定]

▶ 2) 待つのはまったく気になりません。
⇒ I **really** don't mind waiting . 　　　　　　　　　[全部否定]

やはり、"not"は1) 2) とも、それ以降の部分を否定しています。

1) は「まったく (本当に) 気になる」ことは「ない」＝「それほどは気にならない」と部分的な否定。

2) は「まったく」→「気にならない」と全面的な否定です。

同じ用法の副詞は他に、"actually", "definitely" などがあります。

▶ 3) 彼が実際にそんなことを言ったというわけではない。
⇒ He did**n't actually** say a thing like that . 　　　　[部分否定]

▶ 4) 実は、彼はそんなことは言わなかった。
⇒ **Actually** he did**n't** say a thing like that . 　　　　[全部否定]

3) は、彼は何かを言ったことは間違いないにしても、そんなことをそのまま実際に言ったのではない、という意味です。4) では"Actually"は文全体を修飾 (＝文修飾の副詞☞ 176項参照) しています。

More "possibly"は「とても (～ない)」か「おそらく (～ない)」か?

"possibly"も否定語の前と後ろでは働きが異なります。

今はとても席をはずすことはできない。
I **can't possibly** leave now.
今はおそらく席をはずすことはできない。
I **possibly can't** leave now.

"not"はどこに置けばいいのか (3)

☑ 「思わない」は "**I don't think**" と言うのがふつうですが…

明日は雨が降ら**ないだろう**と思います。
I don't think it will [△I **think** it will **not**] rain tomorrow.

日本語では「明日は雨が降るとは思わない」も「明日は雨が降らない と思う」も実質的には同じことを表しています。

1) 明日は雨が降るとは思わない
2) 明日は雨が降らないと思う

要するに「雨が降る」と「思う」のどちらを否定しても実質的に同じ意 味になるのです。このような場合、英語では日本語の1) にあたる形を 用いて**否定語（not）はその次に続く最初のものを否定する**のが原則です。

➡ I don't think it will rain tomorrow.
△ I *think* it will *not* rain tomorrow.

どちらを否定しても実質的な意味が同じである動詞は、"think", "believe", "expect", "seem" など少数に限られています。
しかし、同じ "think" の場合でも、**"not" を移動させると意味が異なっ てしまう場合**があります。

▶ あなたはそこへ行ってはいけないと思う。
　➡ I **think** you must **not** go there.　　[禁止]
▶ あなたはそこへ行かなければならないとは思わない。
　➡ I don't think you must go there.　[不必要]

 More 同じように考えて、次の日本文の内容を英語で言う場合、1) の ほうが2) よりも、特に口語においてはふつうです。

1人の同僚もその展示会で見なかった。
1) I didn't see any colleagues at the fair.
2) I saw no colleagues at the fair.

否定語を使わずに否定を表現できるか

✅ 接続詞の意味によっても否定の意味を出すことができます。

> 彼女は誰も来**ないうちに**部屋を立ち去った。
> She left the room **before** anyone came.

日本語で「〜ない」で表されるものを、英語では否定語を使わずに表すことがあります。

▶ 1) 彼女は誰も来ないうちに部屋を立ち去った。

  ➡ She left the room **before** anyone came.

▶ 2) 私は使い切れないほどのお金がほしい。

  ➡ I want more money **than** I can spend.

上の例で、日本語では否定の表現が現われているのに、英語ではそれにあたるそれぞれの節が肯定になっていることに注意してください。

もちろん 1) は「誰かが来る前に」、2) は「使うことができる以上の」と無理矢理英語から逆に和訳することもできますが、それは「英文解釈」の日本語です。（☞ "before" と "than" が含む否定の意味については194項も参照）

他にも「否定語を含まない否定表現」はいろいろありますが、ここではあまり知られていなく、かつ便利に使えるものを紹介しておきましょう。

▶ まさか、できるはずがないよ。

  ➡ **Like hell** you can! （＝ You can't.） ［失礼な表現］

▶ 絶対にそんなばかなことはしないよ。

  ➡ I'll be **damned if** I do such a stupid thing.

    （＝ I won't do such a thing at all.）

    ☞damned は [dæmd] と発音

▶ 誰も知るもんか。

  ➡ **Who knows?** （＝ Nobody knows.）

▶ どうしても言葉が出なかった。

  ➡ My tongue **failed** me. （＝ I couldn't manage to speak.）

    ☞この fail は「(いざというときに)(人)の役に立たない、期待にそむく」

第16章
なぜか知らない
疑問文・命令文

この章では、疑問詞を用いた疑問文、付加疑問文、修辞疑問文（レトリックをきかせて強い否定を表す疑問文）、そして命令文などについて、教育現場では重視されていないにもかかわらず実際の場面では頻出するポイントに焦点を当ててみました。

みなさんは、「誰が誰に何をするように言ったの？」にあたる英語がすぐに出てくるでしょうか？　正解は "Who told who what to do?" です。言われてみれば簡単ですが、どの疑問詞をどこに置いて使ったらよいのか、知らないと迷ってしまいます。疑問詞を複数用いた疑問文は日常によく出てきそうなものですが、こういった言い回しは意外と学校では教えられていません。

また、「付加疑問文」も何か専門用語の響きがありますが、日常の会話ではしょっちゅう使われます。会話の流れを円滑にする潤滑油のような働きをしている感さえあります。付加疑問文を自在に使いこなせると、けっこう英語がうまくなったような気がしてくるから不思議です。修辞疑問文も、これをふさわしい場面で正しく使うことができるようになるのはかなり難しいものです。

これまでにあまり脚光を浴びることがなかった文法事項を見直すことで、英語の思わぬ深いヒダのようなものに触ることができればと思います。

「誰が何を」などと、いっぺんにたずねたい

☑ 日本語の場合と同じに考えて複数の疑問詞を使います。

誰が何をしたの？
Who did what?

　日本語と同じように英語においても、1つの文の中で複数の疑問詞を使うことができます。次は疑問詞を2つ使った例です。

▶ 誰が何をしたの？
　➡ **Who** did **what**?
▶ 何がどこで起こったの？
　➡ **What** happened **where**?

　上の例はいずれも最初の疑問詞が文の主語になっています。次の1) と2) では最初の疑問詞は動詞の目的語になっています。

▶ きみは誰にどこで［どこで誰に］会ったの？
　➡ 1¹) **Who** did you see **where**?
　➡ 1²) **Where** did you see **who**?
▶ 彼女は何をいつ［いつ何を］買ったの？
　➡ 2¹) **What** did she buy **when**?
　➡ 2²) **When** did she buy **what**?

　1¹) と2¹) は、それぞれ1²) と2²) のように疑問詞の位置を変えても文は成り立ちます。
　また、次のように3つ以上の疑問詞を使うこともできます。相手があわてていて、話がよくわからなかったために、あなたが次のように聞き返している場面です。

▶ 誰が誰に何をするように、そしていつ言ったのかね？
　（誰が誰に何をいつするように言ったのかね？）
　➡ **Who** told **who** **what** to do, and **when**?

209 「なんで?」「いつ?」などとカジュアルに言うには

☑ 日本語同様、疑問詞とわずかな語で短い疑問文を作れます。

「彼、あなたに会いたんだって」「**なんで?**」
"He wants to see you." "**What for?**"

くだけた会話などでは、疑問文を**疑問詞だけ**あるいは〈**疑問詞＋前置詞、etc.**〉だけで表すことがしばしばあります。以下のような状況にぴったりの表現で、すぐに使えるでしょう。

▶「彼、あなたに会いたんだって」「なんで?」
　➡ "He wants to see you." "**What** *for*?"

▶「エミリーはローマに行くんだ」「いつ?」
　➡ "Emily is leaving for Rome." "**When?**"

▶「私、出かけるわ」「誰と?」
　➡ "I'm going out." "**Who** *with*?"

▶「午後にボブと話をしてくれないかな」「どうして私が?」
　➡ "Can you talk to Bob this afternoon?" "**Why** *me*?"

"Why not?" は3通りの使い方があります。

▶「私たち行けないわ」「どうして行けないんだ?」
　➡ "We can't go." "**Why** *not*?"
　　☞「どうして〜しないのか」という文字通りの意味

▶「食べに行こうよ」「よし、行こう」
　➡ "Let's eat out." "**Why** *not*?"
　　☞勧誘などに対して「もちろんですとも」の意味

▶もう一度彼女と話をしてみてはどうかな?
　➡ **Why** *not* talk with her again?　　☞「〜してはどうですか」の意味

 「なぜ」の〈How come 〜?〉(＝Why 〜?)

ただし語順が "why" とは異なり、平叙文の語順と同じです。

> どうしてこの前の日曜日のパーティに来なかったの?
> **How come** you weren't at the party last Sunday?

210 疑問詞の後に、どう続ければよいかわからない場合がある

✅ **that**節や句の中の主語や目的語をたずねる疑問文は慣れが必要です。

> じゃあ、あなたは**誰と結婚していたら**よかったと思うの？
> **Who** do you wish（that）you'd **married**, then?

疑問詞は文の主語や目的語ばかりではなくて、**節や句の中の主語や目的語や副詞**としても使うことができます。

▶ じゃあ、あなたは誰と結婚していたらよかったと思うの？
 ➡ **Who** do you wish（that）you'd **married**, then? 　[仮定法過去完了の文]

上の疑問文を作り出す元の文は、例えば次のようなものです。that節の中の "married" の目的語 "someone else" を問う "Who" が文頭に来ていることがわかるでしょう。

▶ 私は誰かほかの人と結婚していたならと思うわ。
 ➡ I wish（that）I'd（＝I had）**married** someone else.

さらに例をあげておきます。1) は節内の動詞wantedの目的語、2) は節の副詞句としての疑問詞、3) は句（to do）内の動詞doの目的語になっています。この項で取り上げた内容は構文的にどれも私たちには習得しにくいものです。日本語から英文がすらすら出てくるようになればかなりの上級者でしょう。口慣らしの練習に何度も言ってみてください。

▶ 1) うちの子供たちはクリスマスに何がほしいと言ったのかな？
 ➡ **What** did our kids say（that）they **wanted** for Christmas?
▶ 2) 私にどれだけ待っていろと彼女は思っているのか？
 ➡ **How long** does she think（that）I should **wait**? 　[節の副詞句]
 ☞元の文（例）：She thinks I should wait for three hours.（私は3時間待つべきだと彼女は思っている）。for three hours→How long
▶ 3) 彼女は彼に何をするように言ったと思う？
 ➡ **What** do you think（that）she told him to **do**? 　[句の目的語]
 ☞元の文（例）：I think she told him to do the chore.（私は、彼女は彼に雑用をするように言ったと思う）。the chore→What

命令文をさらに強めて言うには（1）

✓ 命令文に**2人称や3人称の主語**をつけて意味を強めることができます。

（頼むから）僕を信じてくれ。
You believe me.

命令文は話し手が聞き手に対して命令・要求・依頼などをするときに用いられることから考えて、主語（ありませんが）は2人称の "you" ということになります。特に**相手をたしなめるとか、いらいらした気持ちを表現するとき**には、その "you" が現れます。

▶ （頼むから）僕を信じてくれ。
　　➡ **You** believe me.
▶ あなた静かにしてよ！
　　➡ **You** be quiet!

2人称が主語であることは、次のような表現からもわかります。

▶ どうかお好きなものを召し上がってください。
　　➡ Please help **yourself** to anything you like.
▶ あなたたち行儀よくしなさい。
　　➡ Behave **yourselves**.

3人称の主語が現れる場合もあります。

▶ 誰かドアを開けてください。
　　➡ **Somebody** open the door.
▶ 誰も動くな！
　　➡ **Nobody** move!

否定の命令文でも主語が現れることがあります。"you" を強く言います。

▶ あなたは彼を信じないでください。
　　➡ Don't **yóu** believe him.

命令文をさらに強めて言うには（2）

☑ be動詞とともに "**do/don't**" を使う場合があり、強調などを表します。

きみたち、静かに**してくれよ**！
Do be quiet, girls!

　平叙文では "do" はbe動詞といっしょに使うことはできませんが、命令文の場合にはそれができます。次の1) の場合、"do" は**意味を強調**するために用いられています。2) は **be動詞を用いた否定の命令文**です。

▶ 1) きみたち、静かにしてくれよ！　　　　［女の子たちに向かって］
　➡ *Do be* quiet, girls!
▶ 2) きみたち、ばかなことしないでよ。　　　［男の子たちに向かって］
　➡ *Don't* be silly, boys!

　受身の命令文はまれですが、**否定文の場合には可能**です。日本語と英語で態が異なる場合があることにも注意してください。（☞ 122、123項も参照）

▶ 殺されてはだめだよ！
　➡ *Don't* be killed!
▶ おびえちゃだめだよ！
　➡ *Don't* be frightened!

　次のような疑問文は**実質的に命令文**と言え、"don't" と "be" がともに使えます。

▶ どうしていい子にして黙っていないの?（→いい子にして黙っていなさい）
　➡ Why *don't* you be a good boy and shut your mouth?

More 〈Why aren't you 〜?〉と〈Why don't you be〜?〉

次の2つの文の違いに注意してください。"Why don't you be〜?"は提案・勧誘を表す表現です。

Why **aren't you** a teacher?　　あなたはどうして先生じゃないの？
Why **don't you be** a teacher?　あなたは先生になったらどう？

Technique

213 命令文の注意すべき使い方とは

 日本語の発想からどんな文でも命令文にできるとはかぎりません。

> × **Be** young. （×若くありなさい）
> × **Know** the news. （×そのニュースを知っていなさい）

人が自分の意志でコントロールできないことを命令しても無理です。したがって、そのような動詞（ふつう、進行形にできない動詞）は命令文にすることができません。

1) × *Be* young. （？若くありなさい）
2) × *Know* the news. （？そのニュースを知っていなさい）
3) × *Belong* to our club. （？私たちのクラブに属していなさい）

前項では "Do be quiet!" が可能でした。1) の場合には、be動詞そのものではなくて、〈be young〉（肉体的に若くあること）がコントロール可能なことでないために、命令文にできないことがわかります。

2) の "know" 以外にも、3) の "belong" や "contain", "cost" などの**状態を表す動詞**も英語では自分の意思でコントロールできないこととみなして命令文にはできません。日本語だけで考えると間違えてしまいます。

しかし、同じ "know" でも次のように「調べる、わかる」と**動作を表す場合には命令文が可能**です。

▶ 明日までに答えを調べて［わかるようにして］おきなさい。
 ⇒ **Know** the answer by tomorrow!

また、"Let's" を伴う命令文の否定は、くだけた言い方では "don't" を使います。"Let's" の後に "not" を入れる形もあります。

▶ それは誰にも言わないでおきましょうね。
 ⇒ ***Don't* let's** tell it to anybody. ［くだけた言い方：特にイギリス英語］
 ⇒ **Let's *don't*** tell it to anybody. ［くだけた言い方：特にアメリカ英語］
 ⇒ **Let's *not*** tell it to anybody. ［ふつうの言い方］

「感嘆文」でしか「感嘆」は表せないか

☑ 疑問文で感嘆を表す言い方があり、よく用いられます。

あの子**ほんとうに**かわいいよね。
Isn't she cute!

「あの子ほんとうにかわいいよね」と英語で言う場合に、次のような
さまざまな言い方があります。

➡ 1) **What a** cute girl she is!
➡ 2) **How** cute she is! / **How** cute **a** girl she is!
➡ 3) **Isn't she** cute!
➡ 4) She's real cute, **isn't she?**
➡ 5) She is **such a** cute girl! / She is **so** cute!

今日では1)と3)と4)がふつうの表現です。(☞012項も参照)

2)の **"how"** を用いた表現は形式ばった感じで、今ではお年寄りの女
性が使う表現ですので、男性や若い (と思っている) 女性は使わないほ
うが無難でしょう。動詞が "be" のときや主語が「重い」ものであると
きには、次のように「倒置」になることもあります。

▶ 彼らが下した結論は何とけったいなものだろう！
➡ How queer is the conclusion that they arrived at !

3)は語順が疑問文と同じですので、「疑問感嘆文」と呼ばれています。
否定でない疑問感嘆文もあります。

▶ わーっ、腹ぺこだよ！
➡ Boy, **am I** hungry!
▶ わーっ、彼女がミスをしたなんて！
➡ Wow, **did she** make a mistake**!**

4)は「確認」の付加疑問文で、下降調で言います。(☞詳細は次項参照)
5)のように "such" や "so" を入れても感嘆のニュアンスが出ます。

Technique

215 付加疑問文を使いこなして会話を滑らかに（1）

☑ 上昇調か下降調かでニュアンスを使い分けます。

> トムは釣りが好き**だよね？**
> Tom likes fishing, **doesn't he?**

「付加疑問文」にはいろいろなパターンがありますが、〈肯定＋否定〉の付加疑問文と〈否定＋肯定〉の付加疑問文では、イントネーションによって次のようなニュアンスの違いを出すことができます。

付加疑問が ┌ 上昇調 ☞ 先行する文で述べたことが本当かどうかを探る
          └ 下降調 ☞ 先行する文の中味を確認する

▶ 1¹⁾ トムは（おそらく）釣りが好きだろうね。
  ➡ Tom likes fishing, **doesn't he ↗?**　　　 ［Yesを期待して］
▶ 1²⁾ トムは（おそらく）釣りが好きじゃないんだろうね。
  ➡ Tom doesn't like fishing, **does he ↗?**　　 ［Noを期待して］
▶ 2¹⁾ トムは釣りが好き（なはず）だよね。
  ➡ Tom likes fishing, **doesn't he ↘?**　　　 ［確認］
▶ 2²⁾ トムは釣りが好きではない（はずだ）よね。
  ➡ Tom doesn't like fishing, **does he ↘?**　　 ［確認］

話す場合には上のようにイントネーションによって区別がつきますが、書きことばではふつう文脈からどちらであるかが明らかになります。

また、〈否定＋肯定〉の付加疑問文は次のように**助けや情報を求める場合**にも使えます。

▶ 手を貸してはもらえないでしょうかね。
  ➡ You *couldn't* lend me a hand, **could you ↗?**
▶ 妻をどこかで見ませんでしたかね。
  ➡ You *haven't* seen my wife anywhere, **have you ↗?**

216 付加疑問文を使いこなして会話を滑らかに (2)

☑ 文の種類・意味によって付加疑問文の形が異なります。

手を貸してくれますか？
Give me a hand, **will** [**won't**] **you?**

付加疑問文の形を使い分けることによって、さまざまな意味を表現できます。命令文一つをとってみても、それが依頼・命令・提案などのどれを言いたいかによって付加疑問文は異なります。

▶ 手を貸してくれますか？
   ➡ Give me a hand, **will** [**won't**] **you**↗?   [依頼]
▶ 窓を開けていただけますでしょうか？
   ➡ Open the window, **would you**↗?   [ていねいな依頼]
▶ 黙ってくれるよね？
   ➡ Shut up, **can't you**↗?   [命令]
▶ それについて今話すのはやめようね？
   ➡ Let's not talk about it now, **shall we**↗?   [提案]

また、〈**I think** [**suppose**] ...〉などの後に文が続く場合には、付加疑問は**後に続く文の〈主語＋動詞〉の形を受けます**。「〜だと思うけど、そうですよね」などと**念を押す**場合に便利な言い回しです。

▶ 1) 恵美はもう出発したと思うけど、そうでしょ？
   ➡ I think Megumi has started, **hasn't she**↘?
   × I think Megumi has started, *don't I*?
▶ 2) 剛士は来ないと思うけど、そうだろう？
   ➡ I don't think Tsuyoshi will come, **will he**↘?
▶ 3) 剛士は来ると思うけど、そうだろう？
   ➡ I think Tsuyoshi will come, **won't he**↘?

2) はなぜ "won't he?" にならないのでしょうか？ これは "don't" が実質的に、"think" を否定しているのではなく、"Tsuyoshi will come" を否定している (→ Tsuyoshi won't come) ので、"will he?" となっているのです。

Technique
217　付加疑問文を使いこなして会話を滑らかに（3）

☑️〈肯定＋肯定付加疑問文〉の形で驚きなどを表せます。

> それであなたは結婚するって**わけね**。すてきだわ！
> So you're getting married, **are you?**　How nice!

　ふつうの付加疑問文は〈肯定＋否定〉あるいは〈否定＋肯定〉の形をとります（☞215項）が、〈**肯定＋肯定**〉あるいは〈**否定＋否定**〉の形をとるものもあります。話し手は相手が話したことをくり返して、**興味・驚き・関心**やその他の反応を表現します。**イントネーションは上昇調**になります。

▶それであなたは結婚するってわけね。すてきだわ！
　➡ So you're getting married, **are you** ↗**?**　How nice!
▶なるほど。きみはぼくの話し方が気に入らないってわけだな。
　➡ I see. *You don't like* my way of speaking, **don't you** ↗**?**

　否定文の場合は、特にイギリス英語で用いられます。ふつう攻撃的で、いやみたっぷりなニュアンスがあります。
　また、**問いを発する場合**にも用いられます。先行する文で推測をし、付加疑問文でその推測が正しいかどうかを問います。

▶お姉さんは家にいるだろうね？
　➡ *Your sister's* at home, **is she** ↗**?**
▶これは終電ですよね？
　➡ *This is* the last train, **is it** ↗**?**

More「そうなんですか」を表す短い疑問文

相手の言葉に対してオウム返しに応答する疑問文があります。「あ、そうなんですか」と、相手の言葉に関心を示す形です。

「彼、百合子が好きよ」「あら、そうなの。どうしてわかるの？」
"He likes Yuriko." "Oh, **does he** ↗**?**　How do you know?"

皮肉っぽく話す簡単な方法は？

☑ 疑問文にするだけで、そのように言える場合があります。

今何時か**わかっているの？**
Do you know what time it is**?**

同じことがらでも、平叙文で言うところを**疑問文で言う**ことにより、**意味を強く、感情をはっきりと表せる**場合があります。

▶ 今何時かわかっているの？（遅すぎるわよ）

⇒ Do you know what time it is? (You're too late.)

▶ 私を誰だと思っているのだ？（この待遇は何だ）

⇒ Who do you think I am? (You shouldn't treat me like this.)

それぞれの疑問文にはカッコ内の文の意味が強意的・感情的に表されています。このようなレトリックをきかせた疑問文を「修辞疑問文」と呼びます。

肯定の場合は強く否定を主張し、**否定の場合は強く肯定を主張**するのに用いられます。

▶ 彼女を説得しようとして何のためになるの？
（彼女を説得しようとしても無駄よ）

⇒ What's the use of trying to persuade her?
(There is **no** use trying to persuade her.)
☞**try to persuade** ...の語法に注意（☞032項）

▶ きみは自分を何様だと思っているのだ？
（きみは自分が思っているほどえらくはない）

⇒ Who do you think you are?
(You **aren't** as important as you think.)

▶ それを知らない者がいるのか？（誰だってそれを知っている）

⇒ Who does **not** know it? (**Everyone** knows it.)

▶ 「それっておかしくはない？」と彼女が言った。
（「それっておかしいでしょ」と彼女が言った）

⇒ She said, "Is**n't** it funny?" (She said that it **was very** funny.)

否定の疑問文で、どんなニュアンスが出せるのか

☑ 否定の疑問文で、意外な驚き・失望・困惑などを表せる場合があります。

お金の持ち合わせが**ないって？**
Don't you have any money with you?

　「こんなはずではなかった」などと、**あらかじめ肯定的な前提をして**いたのに、**否定的な事実が眼前に現われたために**、話し手が驚き・失望・困惑などを示すときに、否定の疑問文を使う言い方があります。

▶ 1）お金の持ち合わせがないって？
　➡ **Don't you** have any money with you?
▶ 2）きみは泳げないのか？
　➡ **Can't you** swim?
▶ 3）あなたは以前に本を書いたことがなかったのですか。
　➡ **Didn't you** write some books before?

　上の文は、それぞれ次のように言ってもほぼ同じです。

1*）Do you mean that you have no money with you?
2*）I thought you'd be able to swim, but apparently you can't.
　☞ you'd = you would。apparently「どうも〜らしい」（文修飾の副詞）
3*）Isn't it true that you wrote some books before?

　否定の疑問文できかれた場合の "Yes / No" の答え方には注意が必要です。

▶「お腹すいていないの？」
　「いいえ、すいているわ」/「ええ、すいていないわ」
　➡ "Aren't you hungry?" "**Yes**, I am." / "**No**, I'm not."
▶「いっしょに来られないの？」
　「いいえ、行けるわ」/「ええ、行けないの」
　➡ "Can't you come with us?" "**Yes**, I can." / "**No**, I can't."

　日本語は「相手の考え」に対する同意/反対、英語は「文の内容」に対する肯定/否定を表していると言えるでしょう。

疑問文を強めたいときはどうするか

✓ 〈It is 〜 that ...〉の「強調構文」が疑問文でも使えます。

いったいあなたは私に**何を**してもらいたいの？
What is it (that) you want me to do?

〈It is 〜 that ...〉の「強調構文」で疑問文も強調することができます。

▶ あなたは私に<u>いったい何を</u>してもらいたいの？
　⇒ ***What*** is it **(that)** you want me to do?

"What do you want me to do?" が元の疑問文です。これを〈It is 〜
that ...〉の構文に当てはめると、"It is what that you want me to do." と
なり、さらに正しい疑問文の語順にすると、"**What is it** that ...?" とい
う形になります。口語ではthatが省略されることがあります。(☞ 193項
More を参照)

▶ 昨夜<u>いったい誰と</u>一緒にいたんだ？
　⇒ ***Who*** was it **(that)** you were with last night?
▶ <u>いったいどうして</u>そんなことを彼らに言ったの？
　⇒ ***Why*** was it **(that)** you told them things like that?

上とは別に、疑問詞の後に次の "on earth" や "ever" のような語句を
続けることで意味を強める表現もあります。

▶ ここで彼女は<u>いったい何を</u>しているのか？
　⇒ ***What*** on earth is she doing here?
▶ <u>またどうして</u>彼女は彼と結婚したのだろうか？
　⇒ ***Why*** ever did she marry him?

> 文の一部を質問するために、疑問詞を平叙文の語順で使うことも
> あります。日本語と似ていて面白いですね。上昇調で言います。
>
> 「ちょっとあれを見てよ」「何を見るだって？」
> "Just take a look at that." "Take a look at **what**⤴?"
> 「これが今まで探していたその本なんだ」「その何だって？」
> "This is the book I've been looking for." "The **what**⤴?"

命令文はつねに「動詞の原形」で始めるのか

☑ はい。しかし広義の命令文はそうではありません。

下りていらっしゃい。お父さんが呼んでいますから。
You are to come down.　Father wants you.

211～213項で命令文についてふれました。そこでは「動詞の原形」を文頭に置く形を中心に、2人称・3人称の主語が現れるパターンなどを見てきました。これは「狭義」の命令文と言えます。

ところが、以下のように「動詞の原形」以外のものでも実質的に命令を表すことができます。これらは「広義」の命令文と言えるでしょう。

▶ 下りていらっしゃい。お父さんが呼んでいますから。

　➡ **You are to** come down.　Father wants you.

この例文では〈**be動詞＋to不定詞**〉が義務の意味を表しています。すなわち、

「あなたは下りて来なくてはいけない」→「下りていらっしゃい」

となります。もちろん、"not"を入れて、次のように否定の命令を表すこともできます。この〈be動詞＋to不定詞〉は"must"とほぼ同義と考えられます。

▶ 机の上のものをさわってはいけません。

　➡ **You're not to** touch anything on the desk.

また、命令がただちに行われるべきことを示す場合には、**進行形**を使うことがあります。これは感情的な色彩を帯びることが多いものです。さらには、**否定文で用いる"can"**も命令を表すことができます。

▶ ケン、今夜は早く寝るのですよ。

　➡ Ken, **you are going** to bed early tonight.

▶ 今日は公園でサッカーをしてはいけませんよ。

　➡ **You can't** play football in the park today.

「日本の第一印象はどうですか」はどう言う？

✅ その前に **TPO** を考えましょう。

日本の第一印象はどうですか。［空港で］
？？？ What is your first impression on Japan?

言葉は TPO が大事です。文法的・語法的に正しくても、Time（時）、Place（場所）、Occasion（場合）を考慮しないと、相手にうまくこちらの意味や意図が伝わらなかったり、誤解を招いたりします。

▶ 日本の第一印象はどうですか。［空港で］
　？？？ What is your first impression on Japan?

これはよく俎上に乗せられるトピックです。空港に着いたばかりの外国の有名人に対して、記者が上のような問いを発して顰蹙を買ったと言われています。きかれた人は "I haven't seen much of Japan yet."（まだあまり日本を見ていませんので）と答えたそうですが、宜なるかなです。
　同様な質問に次の1）のようなものがあります。みなさんは何気なく使っていないでしょうか？

▶ 1）日本は好きですか。
　➡ Do you like Japan?
▶ 2）日本はどうですか。
　➡ How do you like Japan?

交換留学生として日本の高校で勉強しているアメリカ人の女生徒をあなたの娘さんが家に招いたとします。母親のあなたが "Do you like Japan?" とたずねます。彼女が「いいえ」と答えるわけにもいかないでしょう。もっとも、本心から "Yes. I like it very much. It's a beautiful country." と答えるかもしれませんが…。
　初対面、大人と子どもといった TPO では "Yes/No" を迫る最初の言い方よりも、2）の文のような言い方のほうが神経が行き届いた感じがします。

参考文献

A Communicative Grammar of English：(G. Leech & J. Svartvik (Longman)

A Handbook of English Grammar：R. W. Zandvoort (Longman)

A Student's Grammar of the English Language：S. Greenbaum & R. Quirk (Longman)

English Grammar：B.A. Phythian (Teach Yourself Books)

Essentials of English Grammar：Otto Jespersen (George Allen & Unwin)

Good English：G.H. Vallins (Pan Books)

Practical English Grammar：A. J. Thomson & A. V. Martinet (Oxford)

Practical English Usage：Michael Swan (Oxford)

『講座・学校英文法の基礎』(全8巻) 大江三郎他 (研究社)

『現代英語文法』R.A. Close：斎藤俊雄訳 (研究社)

『英語語法大事典』第1集～4集 (大修館)

『英文法解説』江川泰一郎 (金子書房)

『英語の型と語法』A. S. Hornby：伊藤健三訳注 (Oxford)

『英語慣用法辞典』大塚高信・小西友七共編 (三省堂)

『新英文法辞典』大塚高信編 (三省堂)

『ネイティブ発想・英熟語』C. Barnard (プレイス)

『機能英文法』村田勇三郎 (大修館)

『英語句動詞文例辞典』C. Barnard (研究社)

『現代の英文法』(全12巻) 大塚高信他監修 (研究社)

『新英文法選書』(12巻) 太田朗・梶田優責任編集 (大修館)

『ロングマン英語正用法辞典』J.B.ヒートン / J.P.ストックス (三省堂)
　(*Overseas Students' Companion to English Studies*：J.B. Heaton & J.P. Stocks)

『スコットフォースマン英語類語辞典』宮内秀雄・R.C. ゴリス訳編 (秀文インターナショナル)

さくいん

INDEX

254

著者紹介

勝見 務（かつみ・つとむ）
元駿台予備学校および代々木ゼミナール講師
著書に、『名詞表現の底力』『発想転換で書く 和文英訳エクササイズブック』(共著)『発想転換で表す 和文英訳ビギナーズブック』(共著) (以上、プレイス)、『コペルニクス英作文』(共著)、『英語教師のための英文法再整理』(以上、研究社)、訳書に『英語句動詞文例辞典』(研究社)、『句動詞の底力』(プレイス) などがある。

基本英文法の底力
—— 会話・ライティングを強化する活用術 222

2021 年 1 月 20 日　初版印刷　　　　　　2021 年 2 月 1 日　初版発行

著　者	勝　見　　務
発行者	山　内　昭　夫
発　行	有限会社 プレイス
	〒 112-0002 東京都文京区小石川 5-24-11-206
	電話 03 (3814) 6742
	URL http://www.place-inc.net/
印刷・製本	中央精版印刷株式会社

カバーデザイン＆本文イラスト／パント末吉(オフィスパント)
©Tsutomu Katsumi & Place Inc. / 2021 Printed in Japan
ISBN 978-4-903738-46-8
定価はカバーに表示してあります。乱丁本・落丁本はお取替いたします。